99%的人都不懂的说话技巧

柳白————著

古吴轩出版社
中国·苏州

图书在版编目（ＣＩＰ）数据

99%的人都不懂的说话技巧 / 柳白著 . -- 苏州：古
吴轩出版社，2020.5
ISBN 978-7-5546-1515-7

Ⅰ . ① 9… Ⅱ . ①柳… Ⅲ . ①语言艺术－通俗读物
Ⅳ . ① H019-49

中国版本图书馆 CIP 数据核字（2020）第 018854 号

责任编辑：蒋丽华
见习编辑：闫毓燕
策　　划：王　猛
封面设计：阿　鬼

书　　名：99%的人都不懂的说话技巧
著　　者：柳　白
出版发行：古吴轩出版社
　　　　　地址：苏州市十梓街458号　　　　邮编：215006
　　　　　电话：0512-65233679　　　　　传真：0512-65220750
出 版 人：尹剑峰
经　　销：新华书店
印　　刷：北京东君印刷有限公司
开　　本：880×1230　1/32
印　　张：7
版　　次：2020年5月第1版　第1次印刷
书　　号：ISBN 978-7-5546-1515-7
定　　价：45.00元

如发现印装质量问题，影响阅读，请与印刷厂联系调换。010-68651755

前　言
preface

　　说话，是人类与生俱来的本能，是人与人之间交流的重要工具。大多数人都会说话，但是，说话并不等同于语言。我们要将说话升级成为语言，就需要使用一定的技巧。漫无目的地说话，有时候不仅不能达成友好交流的效果，反而会成为我们生活中的绊脚石。

　　说话的技巧能够为我们的人生带来巨大的帮助，能够让我们认识更多的人，能够让我们与更多的人保持良好的关系，能够让我们在人生中获得更多的帮助，能够减少我们工作、学习、生活当中碰到的阻碍。

　　很多成功人士都是说话的高手，都掌握着非常强大的语言技巧。罗马帝国的奠基者恺撒，令整个欧洲都闻风丧胆的拿破仑，打开财富之门的卡耐基……众多的伟人、名人的成功事例，都诠释了说话技巧的重要性。

　　说话的技巧如此重要，但是99%的人却对说话的技巧并不在意。这是因为很多人并不觉得自己说话的方式存在问题。如今，我们经常可以在网络上看到有人吐槽很多人不会说话，说出的话有时候非常难听，有时候不能抓住重点，有的时候甚至会惹人愤怒。实际上这种

"不会说话"的情况在我们身边普遍存在着。如果能够掌握说话的技巧，那么就能够改变这种状况，让你的上级更看好你，让你的同事和你关系更加融洽，让你心仪的对象对你另眼相看。

我们学会说话的技巧，不仅可以让自己从说话当中获得更多的好处，拉近与其他人的距离，还可以让我们对生活中的其他人以及我们自己说的话做出一个准确的判断。"套路"这个词现在非常流行。越来越多的人意识到有时候其他人说的话中是有陷阱的，是有很强的目的性的。但是等到事后再发现，已经有点儿晚了。而当你熟练地掌握说话的技巧时，就不必再担心自己会被别人"套路"了。当对方想要将技巧使用在你身上的时候，你会在第一时间发现，并且能对事情做出更加准确的判断。

本书旨在传授给大家一些说话的技巧，希望本书的读者能够熟练地掌握这些技巧，做到进可攻、退可守，将说话当成是自己的武器、自己的工具，让自己在生活、工作和学习中节省更多的时间、精力和金钱，迎来更美好的人生。

目 录
contents

第一章　跟任何人都聊得来——会倾听才能让别人聊得开

第八章　沟通从心开始——九大心理学法则，让你成为说话高手

第一章

跟任何人都聊得来——
会倾听才能让别人聊得开

在武术界流传着这样一句俗话："要想能打，先学会挨打。"我们学习沟通技巧时同样也是如此，要想跟别人聊得开，最重要的技巧不在于"会说"，而在于"会听"。沟通的过程中，"说"与"听"是相辅相成的，只有在二者平衡的基础上，才算得上是好的沟通。正所谓"善说者必善听"，任何一方面的失衡，都会导致一个共同的结局：越聊越尴尬，最后不欢而散。

你真的会倾听吗?

你懂得倾听吗? 很多人可能觉得这有什么难的, 只要有耳朵, 听力没有问题, 谁会不懂倾听呢? 但实际上, 听和懂得倾听是有很大差别的。美国著名心理学家托马斯·戈登就曾研究发现, 生活中大部分的人其实并不懂得如何去倾听, 或者说大部分人在交谈过程中, 倾听的效率非常低。而倾听的效率对谈话的效果往往是能起到决定性作用的。不懂得倾听的人, 一定程度上也无法将话说好。

林克莱特是美国的一位著名主持人, 主持过许多优秀的访谈节目。有一次, 他主持一档让孩子讲述自己梦想的节目时, 其中有一位可爱的小男孩, 他说自己的梦想是长大后当一名飞机驾驶员。

看着小男孩可爱又略显拘谨的神情, 林克莱特决定跟这个小男孩开一个小小的玩笑。他问道: "假如你已经实现了自己的梦想, 成为一架民航客机的驾驶员, 有一天你驾驶飞机载着你的乘客, 飞到了太平洋上空, 这时候你的飞机出现了意外, 燃油耗尽, 所有的引擎都熄火了, 你会怎么做呢? "

小男孩显然没有预想过如此严重的问题，他考虑了一会儿，然后认真地回答："我会提醒飞机上所有的乘客都系好安全带，不要惊慌，然后我会背上我的降落伞跳下去……"

小男孩的回答被观众们的哄堂大笑打断了。大家都被小男孩一本正经的样子逗乐了——这个自作聪明的小男孩，竟然想到了自己背上降落伞逃命，而且逃命之前竟然还要求大家系好安全带，不要惊慌。这实在是太可笑了，观众们觉得这个小男孩能够将人性中自私的一面表达得如此可爱，有种意外的幽默效果，都笑得直不起腰来。

但是此时的林克莱特并没有笑，他认真地盯着这个被观众的笑声吓坏了的小男孩。小男孩被观众们的哄笑吓了一跳，有些不知所措，眼泪开始在眼眶里打转，几乎要哭出来了。

林克莱特笑着安慰小男孩："不要紧张，我相信你一定有这样做的理由，把它讲出来吧！"

"我要背上降落伞回去拿燃料，然后再回来救大家！"小男孩大声说着，眼泪夺眶而出。

这时观众席一片寂静，每一个人都陷入了沉思。

很多时候，当你在听别人说话的时候，真的会用心去弄懂别人的意思吗？通常情况下，你是像那些观众一样还没听完别人说话就随意下结论呢，还是像主持人林克莱特一样认真地倾听对方内心的声音？

所谓倾听，并非仅仅竖起耳朵就能行的，它需要我们用心去学习和把握，这样才能在交谈过程中获得比较精准的信息，真正了解对方的意图。

　　托马斯·戈登根据人们的沟通能力和交流效率，把倾听能力从低到高分为了三个层次，分别代表交流能力高低不同的人群。

　　在初级层次中，倾听者的状态只能用"貌合神离"来形容。他们在倾听的过程中完全没有注意说话人所说的话，他们假装在认真听，内心却在考虑其他毫无关联的事情，或一门心思想着如何去反驳。他们的心根本不在倾听上，而是在想着自己如何去接话，如何去说。这种初级层次的倾听，没有任何效率可言，很多时候只会带来关系的破裂、冲突，以及错误的决策。

　　中级层次的倾听，倾听者虽然专心致志，但却局限于对字词表面意义的理解。他们没有错过任何一句话，却错过了讲话者通过语调、身体姿势、手势、脸部表情和眼神等细节所传达出来的信息。这必然会导致倾听者对获取的信息产生一定程度的误解，忽略说话者的内在情感，这些因素都直接影响着交谈的效果。

　　高级层次的倾听者是最优秀的。他们会留意说话者所透露出来的所有信息，无论是语言文字还是语气、语调、动作等细节，都在他们的"倾听"范围之内。他们会主动在说话者传达的信息中寻找感兴趣的部分，将之转化为获取有用信息的契机。高级层次的倾听者能够做到"知己知彼"，既清楚自己的个人喜好和态度，又能够对对方的情感感同身受。他们在倾听过程中更多的是主动获取信息，而不是武断地下结论。

　　可以这么说，一个人从初级层次倾听者成为高级层次倾听者的过程，就是其沟通能力不断提升、交流效率不断提高的过程。在开头那个林克莱特采访小男孩的节目中，大多数的观众都徘徊在中级甚至初级倾听者的层次。他们虽然在听小男孩说话，但实际上却沉浸在自己的世界里，因而获取到的信息极为有限，继而得出了错误的结论，并且用嘲笑给小男孩带来了心灵上的伤害，这样的倾听无疑是失败的。

而只有林克莱特，这位优秀的主持人，他留意到了小男孩所表达出来的许多细节，并且用心去感受。因此只有他真正听懂了小男孩的话，并且做出了正确的反应。在他身上，我们看到了一个优秀的倾听者所应该具备的特征，这是我们应该去学习的。

体谅与耐心是倾听的基础

要成为一个好的倾听者，体谅和耐心是基础。这其中的道理很简单，因为作为倾听者，如果缺乏体谅和耐心，那么就很难发自内心地去感受对方说话时所蕴含的情感，以及情绪上的起伏变化。而一旦缺失了这些东西，语言所体现的含义就会失去一大部分，我们也就很难精准地接收到对方想要传达的信息。这样一来，交谈就很难顺利进行下去，甚至可能让说话方陷入自说自话的尴尬境地。

所以，在倾听别人说话的时候，不要急着下判断，耐心地去倾听对方心里的声音，去感受对方的情绪变化。毕竟你永远都不知道，在你看不见的地方，对方究竟经历了什么，感受到了什么。用一颗体谅的心去倾听，才能真正听懂对方最想传达给你的东西。

万米高空中的一架客机上，阿凯戴着耳塞和眼罩，却没有一丝睡意。他不时伸手摸摸胸口衣袋里那个硬硬的盒子，里面是他两天前刚买的一枚钻戒，那是女友阿花最喜欢的款式，他攒了几个月的工资才买下的。明天就是他跟阿花相识两周年的纪念日，他特意赶在这一天回来，不仅是为了相聚，还有更重要的目的——求婚。

阿凯的思绪被一阵突然的颠簸打断了，飞机一反之前平稳的状态，开始忽上忽下颠簸起来。从广播中阿凯得知飞机遇到了乱流，他有些紧张，系好了安全带，将那枚钻戒紧紧地握在手里，周围的乘客都在小声祈祷平安。

可是情况并没有好转的迹象，颠簸持续不断，并且有越来越严重的倾向。大家能明显感觉到飞机在大幅度上升和下降，有的乘客忍不住呕吐起来，广播中空乘的语气也没有之前那么平静了，明显带着惊慌，要大家写遗嘱并且放进一个特制的口袋中……

阿凯的大脑一片空白，"为什么我不早一点儿向阿花求婚！"他无比懊恼地闭上眼睛。飞机颠簸得更厉害了，周围开始有哭声。阿凯紧紧抓住手里的纸和笔，却无法写下一个字，行李在往下掉，头顶上的氧气面罩也落了下来……阿凯闭上眼睛，把戒指捂在胸口，那一刻脑海中除了对父母的不舍，更多的是对阿花的思念，他多希望能再见阿花一面，亲手把这枚戒指给她戴上……

不知道过了多久，阿凯发现飞机停止了颠簸。空姐在广播中带着哭腔告知大家飞机已经成功穿过乱流，如梦方醒的乘客们仿佛获得了新生一般狂喜……

下了飞机，阿凯打车直奔阿花的住处。刚好阿花一个闺蜜过生日，几个人已经在阿花家准备了好吃的、好喝的，打算小聚一下。阿凯见到阿花，激动得眼泪都出来了，他有一肚子的话要对阿花说，劫后余生的狂喜，让他迫不及待地要向阿花表明心意。可是阿花却以为阿凯只是加班和赶飞机累坏了，自己忙着跟闺蜜一起庆祝生日，甚至都没把他口中的飞机乱流当回事，以为就是普通的气流颠簸罢了。

阿凯很快就感受到了自说自话的尴尬。没人愿意分享他死里逃生的喜悦，甚至连女友阿花，也埋怨他絮絮叨叨、一个劲地说这些事情，破坏了大家聚会的兴致。阿凯既失落又愤怒，心里不由得想："难道一切都是自己一厢情愿的错觉吗？难道自己的生命和即将到来的两周年纪念日根本不值一提吗？"阿凯越想越失望，在无比失落中收起了那枚求婚钻戒，悄悄地离开了……

阿凯和阿花这两个年轻人之后的命运会如何发展，没有人知道。但我们可以确定的是，假如阿凯在女友面前得到的是充满关切和耐心的倾听，而不是敷衍和不耐烦的拒绝，那么他们两人的情感发展，可能会是截然不同的走向。

交谈是说与听的互动。一方愿意说，另一方耐心听，交谈才能愉快地进行下去。在这个过程中，听是说的动力。你愿意认真、耐心地去倾听，对方才会觉得受到尊重，并且愿意继续和你交谈下去。相反，如果你表现出来的是敷衍和拒绝，那么对方自然也就不会再与你继续交谈了。

倾听他人说话，本身也是尊重他人、展现自我的一种方式。大多数人找人聊天，无非就是渴望找到愿意听自己宣泄内心不快和委屈的对象，找到愿意听自己说话并且能懂自己的人。因此，要想成为一个优秀的倾听者，需要足够的耐心，需要积极的响应，更需要充分的包容和体谅。当我们愿意牺牲时间，敞开心扉去倾听的时候，你就会发现，原来身边有太多渴望倾诉的人。

倾听重点，把话题从信马由缰中拉回来

有技巧的倾听就像是做阅读理解，你要从一堆杂乱无章的话语中，找到关键词，这些关键词就是我们倾听的重点。只有把握住这些重点，我们才能真正明白对方想要传达什么信息，从而让谈话顺利地进行下去。

所谓关键词，就是对方话语中用来描绘具体事实的那些字眼。这些关键词可以透露出很多信息，它们不仅能显示出对方的兴趣和情绪，还能够体现出对方对你的信任程度。也就是说，把握好聊天中的关键词，就等于掌握了整个谈话的重点。

你甚至可以忽略那些关键词之外的话语，只要在回应时能够牢牢围绕这些关键词，发表你的态度和看法，就能够牢牢掌握对话的走向，建立起良好的交流通道。

张斌是一家系统集成企业的销售主管，最近一直在跟一个企业的采购单，本来一切都很顺利，但是一天晚上，客户忽然联系他说改变主意了。张斌很是疑惑，连夜召集手下两位专门负责这个项目的业务员到公司开会。没想到两个业务员也是一头雾水，都说当天还同客户与另外的合作人一起吃饭，气氛挺融洽的，没有发生什么不愉快的事情，不知道为什么客户突然就变卦了。

张斌觉得这件事情一定有什么缘由，于是第二天一早就亲自上门去拜访那位客户，询问原因和自己的疏漏之处。客户被他的诚恳打动了，对他说："我本来是打算与你们公司签约的，但是在昨天我们敲定签约的饭局上，我谈起了我女儿最近考入重点大学的事情，这是我最近非常开心和自豪的一件事情。我说我为我的女儿感到骄傲，可是那两个合作了很久的销售代表并没有附和我，甚至都没把我的话当回事，反而只顾着和别人说话。我觉得这可能代表你们并不是很重视与我这边的关系，所以准备重新考虑合作的事情。"

张斌这才恍然大悟，原来就是这样一件看似不起眼的小事毁了他跟进了几个月的采购单……

很多时候，沟通交谈的过程可以说是一场战争。要想取得战争的胜利，就得讲究策略和方法，密切关注沟通对象的变化，在倾听过程中抓住对方话语中的重点，得出有用的信息，否则，只会是做无用功。

那么，作为倾听者该如何才能抓住沟通对象话语中的重点呢？

以销售为例，一个优秀的推销员一定懂得抓住沟通对象话语中的关键词。关键词一般都是由高频词、表示重点的词或短语，以及某一特定的概念等组成的。高频词是指多次出现的话语，如提问者："先生，你需要什么样的产品呢？"被问者："价格便宜的，优惠的，物美价廉的。"便宜、优惠、物美价廉词义相近，因而可知对方的重点是便宜，那么，提问者就可以推荐一些价格低的产品。

有时对方的回答并不一定会那么正面，比如"我在其他商场也看了同样的产品，但你们之间的价格有差别，这是为什么呢？"我们一定要注意，这里的关键词是"价格"，倘若这时，销售人员抓住产品的差异跟客户大讲特讲，那就是大错特错了。在听对方说话时，一定要注意对方话语中的关键词，这样才能够快速掌握对方的真实意图，这才是沟通技巧的重点所在。

在开始的事例中，张斌的两个销售员手下不善于倾听，没有抓住对方多次提到的女儿考入重点大学这一信息，导致错失了客户。而在生活中，我们也经常会遇到这种情况，因为抓不住对方话语中的重点，而产生误解。

因此，在倾听的时候学会去芜存菁，过滤无效信息，抓住重点，随时掌控话题走向，这是作为一个优秀倾听者所必须掌握的技巧。无论对方的话语多么不着边际，我们都要做到"静听其变"。即便他的话语中有太多天花乱坠、不着边际的废话，我们也要认真去听，然后抽丝剥茧，寻找与主话题有关的信息和关键词。

面对废话也要学会拒绝

　　在生活中，我们都遇到过这样的人：只要和他们聊起天来，就停不下来。他们会滔滔不绝地"轰炸"你的耳朵，向你灌输各种见闻和遭遇，不管你爱听不爱听。最可怕的是，这其中绝大部分内容都是废话，毫无意义。这个时候，相信再有耐心的倾听者也会不堪其扰。

　　圣人孔夫子说过："有朋自远方来，不亦乐乎？"这是孔老夫子因为朋友从远方来而流露出的喜悦之情。的确，如果真能有志同道合的好友前来拜访，一起促膝长谈、交流思想，也不失为人生的一件乐事。所以，古人才会说"听君一席话，胜读十年书"。

　　但毕竟人与人之间的想法不同、地位不同，文化层次也不同，而且人也是在不停变化的，即便是曾经的好友，也会因为时光变迁而变得陌生，不再能像从前那样无话不谈。这时候，如果因为彼此之间的交情而不好意思打断对方，一味忍耐的话，最终的结果只能是在折磨中把彼此仅剩的情谊消磨殆尽。

　　晓玲跟小芳是大学时期的室友兼好友，两人可以说是无话不说，大学生活的回忆几乎都是两人共有的。毕业之后，两人各自找工作、恋爱结婚，却依然保持着学生时期的闺蜜关系。可是渐渐地，小芳发现两人的关系出现了微妙的变化。

晓玲是宿舍里公认的话痨，几乎整个大学时期都是全宿舍"卧谈会"的主导者和收尾者，即便是工作、结婚之后，这个特点依然没什么变化。可能是老公比较沉默寡言的缘故吧，晓玲总觉得婚后生活中少了些乐趣，于是每到周末都会跑去小芳家小聚一番，很多时候还要霸占小芳老公的床位，与闺蜜重温大学时期"卧谈会"的乐趣。

起初小芳还觉得这样挺好，可是后来慢慢就有些不胜其烦了。毕竟婚后家庭琐事越来越多，不可能再回到大学时期那样简单平淡的生活了。偶尔周末聚聚畅谈一番还行，而像这样几乎每周都要扮演"超长待机倾听者"的角色让小芳身心俱疲。再加上晓玲说的都是些生活中鸡毛蒜皮的小事，基本上都是废话，要全程配合对方"嗯""啊""然后呢"等，让她觉得越来越累。但她又不忍心打断和拒绝对方，结果就是，每个周末都变成了她的"受难日"。周末原本是休息和放松的日子，但晓玲的来访，却让小芳饱受折磨。因此，每逢周末，小芳都会想办法编造理由来躲避晓玲的来访……

朋友之间的聊天本来应该是一件轻松愉快的事情，如果失去了这种轻松愉快，把聊天变得像完成某项不讨喜的任务一样，那么聊天也就失去了它本来的意义。就如同晓玲和小芳，当原本亲密无间的谈话变成毫无意义的废话之后，如果不懂得打断和拒绝，那么就会身心俱疲、深受其累、苦不堪言。

　　那么我们该如何去应付"话痨"呢？是强忍内心痛苦"舍命陪君子"，还是直接告诉对方两人言语不和，然后自行消失？这两种方法其实都不是最好的，前一种委屈自己，后一种伤害友谊。到底要怎么样下"逐客令"才能既保住对方的面子，也做到不委屈自己呢？

　　首先我们来看一下比较正能量的打断方法，那就是打断对方之前，要先道歉，再解释。比如跟对方先说一声"对不起"，对方回应后再说"抱歉，突然想起一件急事，不得不结束谈话了，能不能下次再向您请教"。这样的情况下，气氛自然是十分和谐的。因为充分考虑到了对方的感受，对方也不会因为你有事情要离开而生气，关系和面子都得以保全。

　　其次是"互怼法"。顾名思义，就是针锋相对，不管对方说什么，表达什么观点，一律对着干，就是为了反驳而反驳，为了抬杠而抬杠，一言不合就"怼"。在对方的每一句话后面加一句"不是的""你错了"，然后长篇大论地向对方陈述自己的观点。这样虽然不是很体面，但绝对有效，可以让对方感觉很不舒服，收回他那想要滔滔不绝下去的念头。

　　还有就是"沉默法"。面对对方的滔滔不绝，你只需"以不变应万变"，以沉默应之即可。因为沉默是金，只需要做一件事，那就是不开口、不回应，再狠一点的话可以摆出一副"面瘫脸"。这样时间长了，聊天成了对方的"独角戏"和"单口相声"，对方想要继续说下去的动力肯定会降低不少。

　　总之，一个不顾别人感受只顾自己滔滔不绝的人不管到了哪里都是不受欢迎的。我们一定要学会应对这种人的方法和手段，学会拒绝，才能让自己避免为其所累。同时也要在沟通过程中时刻提醒自己，要多替对方考虑，不做"废话连篇"者，提升沟通效果。

会倾听的人不光用耳朵

中医看病，讲究望、闻、问、切，先观察病人的面色，再用鼻子闻病人的味道，然后再询问病人的病情，最后才是诊脉，经过这一系列的方法，才能判断病人究竟患了什么病症。而之所以需要这样繁复的诊断，是因为很多病症在某些方面都会有相似之处，只根据片面的情况，是很难精准判定病人的病情的。

其实我们倾听别人说话，跟医生诊治病人有着异曲同工的地方。除了要会听对方说的话之外，还得观察对方的神色，注意对方的情绪变化，等等。只有掌握了这些小细节，我们才能在倾听中抓住有用信息，明白对方表达的重点。因为即便是同样一句话，在不同的情绪状态下说出来，所表达出的意思也是天差地别的。

一个周末，小梁去拜访一位久未谋面的老友。老友热情接待，特意切了西瓜让小梁消暑，还说要留小梁住两天好好叙叙旧。不过，小梁是个细心的人，在与老友交谈的过程中，他发现对方的脸上隐约有掩饰不住的焦虑，说话时也有些心不在焉，还不时地看表。他立刻意识到可能自己来得并不是时候，老友也许有更重要的事情要做。

于是，小梁快速而简单地说明了自己的来意，希望朋友能帮他个忙，然后没有过多停留，便匆匆告辞离开了。

果然，这位老友当天有重要的事务要办，小梁离开后他立刻出门办事了，一直忙到下午。等到事情忙完了，他想起了上午小梁来访的事情，心里有些愧疚，心想人家大老远来一次，自己却如此匆忙就把人家打发走了，这多不好。于是，他全力帮助小梁解决了这个很大的难题。

很显然，小梁不仅是一个善于倾听的人，也是一个善于在沟通中运用各种细节来获取信息的人。他从老友聊天过程中所表现出来的各种细节判断出对方有急事，然后做出了正确的应对，不仅达到了很好的沟通效果，而且也达成了自己办事的目的。

美国心理学家艾琳·霍普斯总结出：沟通＝45％的语言＋55％的表情动作等细节。可见，沟通过程中的倾听并不仅仅是耳朵的任务，更是要综合运用各个感官去"倾听"。比如我们在与对方沟通前，要观察对方的表情和动作，揣摩对方的心理，了解对方隐藏在话语背后的真实想法，判断对方是否对谈论的话题感兴趣以及感兴趣的程度。这样沟通才有针对性，才能抓住对方的心思，达成沟通的良好效果。

比如，当谈到某一话题时，如果对方原本放松的表情突然变得凝重或是不自然，就说明这个话题对对方来说比较敏感，此时你必须转移话题。

如果对方在交谈过程中左顾右盼或不时地搔头皱眉，说明对方对你所谈的内容不感兴趣或者没有听明白，此时你需要调整自己的说话方式，或者干脆转换话题。

如果对方在沟通时表情轻松自然，并且积极地回应我们的话语，这就说明对方对现在所谈论的话题非常感兴趣，这样我们就可以主动将谈话深入下去。

如果对方在沟通时只是放松地微笑，而且下巴上扬，这往往说明对方对现在的话题并不是特别感兴趣，但也并不厌倦。在这种情况下，我们既可以继续当前的话题，也可以另外寻找新的话题。

如果对方在沟通时只是有一搭没一搭地回答几句，而且也不愿意与你进行眼神接触的话，那就表示他对当下所谈论的东西已经厌倦了，心里正在盘算怎样才能摆脱你。这时我们必须立即变换谈话内容，或者干脆结束这次谈话。

总而言之，不是只学会听懂别人说的话就能成为好的倾听者，我们还要学会去观察别人的表情和各种动作细节，这样才能更容易把握对方的心理。如果在交谈过程中只懂得听，不懂得观察细节，就像在不知风向的情况下去转动船的舵柄，其结果可能就是在风浪中翻了船。所以，在与人沟通时，对他人的表情以及与表情相配合的手势、动作等做到细致观察，是把握对方心理的重要条件，也是提升沟通效果的关键。

总结并重复，让对方感觉到你感兴趣

一位心理学专家曾做过这样一个实验：让一批工作人员拿着事先写好的对话稿与九十多名女大学生进行对话。对话过程中，工作人员会有选择地对其中一半学生的回答进行重复，重复的内容限定为谈话内容的关键词和情感色彩强烈的词汇。结果显示，面对被工作人员频繁重复话语的那一半学生，谈话时间比另一半没有被重复话语的学生的要长，谈话次数也多，她们对工作人员的好感度要比另一半学生的高出大约十个百分点。除此之外，她们纷纷表示非常乐意同工作人员谈话，认为这次谈话是令人愉悦的。

显然，在谈话过程中，总结对方的关键词，进行重点重复，不仅能够让对方更愿意交谈，还会让对方对你产生兴趣，引发对方对你的好感，更有助于沟通交流顺利进行。

在一家公司里，采购部柳经理最苦恼的一件事就是与公司的项目主管开会。因为采购机器的问题，他们两人各有各的主张，各有各的出发点和理由，每次都会争个面红耳赤。这一天，会议一如往常，由项目主管首先发言，出于习惯，他在整理发言稿时，顺便把有可能被采购部门拿来反驳的内容做了重点功课，针对各种可能的反驳理由都做好了充分的准备，力求达到争论时有理有据。然而让他万万没想到的是，今天采购部门的负责人柳经理一改以往的作风，一条反驳意见都没有提，而是安安静静听他发表完意见，然后说道："我来重复一下你刚才说到的要点，你看是不是这样？"然后就复述了一遍。

　　项目主管听着他的复述，思路也不由得跟着转了起来，开始反思补充，两个人不再像之前那样为了自己的观点而咄咄逼人，就这么你一言我一语，面带微笑地坐在一块讨论了起来。这件事简直轰动了整个公司。事后，连总经理都没忍住好奇心，将柳经理喊来问是什么原因让两人一反常态。

　　原来，苦于每次开会都被争论耗尽精力的柳经理，特意找了一位职场前辈请教。前辈一针见血，指出了问题所在：因为在争吵的时候，彼此只顾着反驳对方，根本无暇顾及对方的真实想法和意图，违背了解决问题的本意，沟通的效率自然也就降到了最低点。这样的情况下，必须有一方做出改变，比如放弃反驳和争论，去重复对方的话。这样一方面可以让对方放心，知道你们之间没有误解；另一方面，也可以让你有足够的时间来消化对方的意思。即便是反驳，也能够做到有理有据，摆脱"为了反驳而反驳"的怪圈。这样一来，沟通的效率便大大提升了，甚至根本就吵不起来了。

　　其实在与人沟通的过程中，重复别人说过的话，并不是废话连篇，而是一种效果很好的沟通技巧。比如"我能够明白你刚才说的……"，这个听起来可能有点奇怪，但实际上效果却是很好的。因为通常人们在交流的时候，获取信息的效率是很低的，虽然听完了对方的讲话，但真正能记在脑子里的信息量非常少。通过这种重复，不仅自己的理解得到了强化，也让对方感受到了被尊重。

而且，通过这种重复的方法，在对话过程中回应对方的想法和感受，对方在收到明确回应后也会增强自信，进一步对你敞开心扉，将话题延续下去。这样一来，沟通的过程便会越来越顺畅，效果也会越来越好。

当然，在重复时也并非盲目重复对方的每一句话，而是要找到对方谈话中带有感情色彩的关键词，弄清楚对方要表达的重点所在，要把对方谈话时的情绪与他所说的话结合起来。这样，有时候只需重复寥寥数语，就可以让对方认为你对他的话感兴趣。

通常来说，一个好的倾听者，即便对对方的话题不感兴趣，也会不时地重复对方话中的关键词。这样对方就会觉得面前的人是在认真地听，并且对这次谈话很重视、很积极，从而很乐意让话题继续下去。此外，当对方说得尽兴的时候，我们也别忘了时不时评价一下。这个时候，我们要尽可能多说，并且声音要大点，以表达自己的热情，从而引发对方的谈话兴趣。如果能够做到这些，每一场谈话的氛围都将会十分融洽。

心理学家把这种行之有效的重复关键词技巧称为"信息反射"。就像是一面镜子，让对方在这种"信息反射"的过程中更清晰地认识到你的意图。其中的道理其实很简单，"重复对方的话"与"点头首肯""随声附和"等动作的效果一样，都是在心理层面向对方暗示：我很重视你，我正在认真倾听你所说的每一句话。在日常交际与交流中，合理运用重复这种沟通技巧，对于提高沟通效率有着重要的意义。

倾听的关键是听到没有说的内容

常言道"说话听声，锣鼓听音"。这是一句俗语，意思是说在听别人说话时要格外注意言外之意、话外音，不能只听表面的意思，而是要学会捕捉对话过程中，对方的各种细节所透露出来的信息和内涵，洞悉其真正想要表达的意思。

公元前630年，正是春秋时代。当时，秦国、晋国联合起来攻打郑国，郑国的形势十分危险。面对两个强国的来犯，当时的郑文公焦头烂额，没了主意。这时有人建议郑文公：既然打肯定打不赢，不妨采用外交手段，派人去游说秦穆公，破坏秦国和晋国的联盟。

在双方交战的非常时期，这无疑是一件艰巨而危险的任务，必须是智勇双全的人才能完成这一使命。出主意的大臣就推荐了一个叫烛之武的老臣。这个烛之武是三朝老臣，可是一直没有得到晋升，在郑文公这里更是没有得到重用，只做了一个养马的官。而举荐他的大臣，声称自己了解烛之武的才能，坚信他可以担此重任。

郑文公于是召见烛之武，对他说明了意图。烛之武当时是这样说的："臣之壮也，犹不如人；今老矣，无能为也已。"这句话的意思是说："我年轻的时候就不如别人；现在我都已经年老了，还能有什么用处呢？"

这句话如果随便听过去，就会以为烛之武只是谦虚，甚至会觉得他不识抬举。但郑文公是一个很聪明的人，他从这句话中听出了烛之武的话外之音。那就是："我年轻的时候得不到重用，如今老了，你们又想起我的才能了？"这其实不是谦虚，而是一种怀才不遇的埋怨和牢骚。

郑文公马上接口道："吾不能早用子，今急而求子，是寡人之过也。然郑亡，子亦有不利焉。"意思是说："我没有早一点重用你，而是到了现在这种紧急的情况下才想到你，这是我的过错，实在是抱歉，希望你不要跟我计较。再说，郑国如果灭亡了，你作为臣子，也不会有什么好的结果。"

这番话果然说到了烛之武的心里，于是他接受了使命，来到秦国阵营，在秦穆公面前慷慨陈词。他站在秦国立场上，分析了攻打郑国的利害关系，分析出来的结果是灭亡郑国对晋国利益最大，而保存郑国则对秦国有利。

随后秦穆公放弃了攻打郑国，还与郑国结盟，派人帮助保卫郑国。秦晋之盟就此解散，晋国只好退兵，郑国转危为安。

我们不妨试想：如果当时郑文公没有听出烛之武的话外之音，没有做出正确的应对，郑国很可能就要亡国了。可见，能听懂说话过程中的弦外之音是何等重要！

我们要想成为优秀的倾听者，也一定要具备郑文公这样的智慧。要明白：在许多场合，有一些话不好直说，不能直说，也无法明说，于是，旁敲侧击、绕道迂回，就成为人们常采用的方法。很多时候，同样的话，可能在不同的人听来，会产生不同的理解，造成不同的结果。

现实生活中，我们在与人交流的时候，也要多想一下，别人的话是否有隐藏含义，别人说的话是否只是为了敷衍场面的客套话。只有这样，我们才能捕捉到有价值的信息，准确、全面地辨别各种言外之意。

当然，这些话语的弦外之音，从表面上是听不到的，但是它所传达的信息却是非常微妙的。对于倾听的人来说，如果没有足够的智慧做到观其色、察其心，就很难做到洞悉其弦外之音，洞察对方真正的心思。所以，在沟通过程中，我们要学做有智慧的人，准确捕捉对方每一句话背后的真实意图，这样我们自然能够掌握沟通的主动权。

第二章

提问得当，助你轻松控场——
会提问才能让人敞开心扉

　　我们一定要记住：跟你谈话的人对他自己的需求和问题，比他对你的需求及问题更感兴趣。就像卡耐基所总结的那样："要令人觉得有趣，就要对别人感兴趣，问别人喜欢回答的问题。"交谈时如何提问才能让对方感觉舒服并愿意敞开心扉，是一项重要的沟通技巧。我们要想在沟通过程中把控全场，主导聊天节奏，首先就要学会如何去提问。

好问题的力量

在一场谈话中，提问是帮助我们引导话题和获取信息的重要手段。会不会提问对于一场谈话而言是非常重要的。会问问题的人，通过提问就能掌握谈话的主动权，让话题朝自己所预期的方向发展，并得出自己想要的答案。

在亲戚的介绍下，刘晓参加了一家轮胎销售公司的面试。面试结束时，面试官给了所有面试者一个机会，让大家提出自己的疑问，由面试官来回答，但每个人都不知道其他人问了什么问题。轮到刘晓的时候，他很不以为意，只随便问了一句："作为资深前辈，您觉得我在面试中的表现如何？"

面试官给刘晓的回答非常官方，既没说好，也没说不好。几天之后，刘晓得知自己没有通过面试，而公司最终录取的是一个无论学历还是经验都不如他的人。刘晓知道面试结果之后觉得很不服气，通过亲戚找到了当时的主面试官，询问他自己究竟哪里做得不好，让公司觉得不满意。

面试官和刘晓的亲戚是朋友，两人关系很好，所以并未责怪刘晓的莽撞，而是拿出了面试时候的记录，抽出其中一张递给刘晓，告诉他说："你先看看这个，这是当时让你们每个人提一个问题的时候，那位录取者问的问题。"

刘晓接过那张纸，上面记录了那人提的问题："我刚才面试时，看了下公司的宣传资料，我看到公司生产线的设备都是眼下最先进的，而这些设备我并不是很熟悉。那么，我想知道，公司是会对我们进行专门和系统的培训，还是让我们自己去学习、去掌握呢？"

看刘晓依然一副迷惑不解的样子，面试官微笑着解释道："你还记得当时你问了什么问题吗？说实话，你的那个问题简直就是一句没有用的废话，没有任何意义，而且实在太笼统了，根本没有任何回答的价值。但你再看这位面试者提出的问题，很显然，他的提问有着非常强烈的针对性，并且很具体，是着眼于未来工作进行的提问，而且也正是面试官们最关心的问题。从他提出的问题就能看出，他是做足了功课的，而且对公司有着一定的了解，对自己未来的职业规划也有着清晰的思考。"

听了这话，刘晓有些不服气地说道："不就是一个提问吗？贵公司根据这样一个无关紧要的提问就来决定录取谁，是不是太草率了？"

面试官笑了起来，没有急着回答刘晓的话，而是问了他另外一个问题："如果你通过面试，被安排到公司旗下的一间轮胎专卖店里销售轮胎，然后来了一位客户，要求更换轮胎，你会怎么招待他？"

刘晓想也没想就立即答道："当然是根据客户要求的参数来帮助他

选择具体的型号……"

　　面试官笑着摇了摇头，继续说道："那位通过面试的新员工先是询问了客户平时开车的路况，得知他平时几乎都是在柏油路上开的。但他又留意到，客户要更换的旧轮胎使用时间并不长，于是推测客户平时行驶的道路可能上下坡或弯道较多，得到肯定的答案之后，他向客户推荐了一款抓地能力和耐磨性能都很好的轮胎，并告诉客户，这款轮胎不仅更安全，而且可以减少更换轮胎的次数，节省开支。客户非常满意他的推荐，对我们店的评价也非常好。那款他推荐给客户的轮胎正好也是我们公司新推的主打产品之一。提问其实不仅仅是提出一个问题那么简单。不懂提问，你只能成为一名合格的销售人员，却永远成不了一名优秀的销售员。"

　　俗话说"牵牛要牵牛鼻子"。经验丰富的老农知道如何让牛听话，那就是给牛系上鼻环，用绳子牵着，这样牛就会听话。而我们在同他人交谈时，也要学会"牵鼻子"，学会运用问题的力量来达到自己的目的。就像那位通过面试的员工，他就是位非常善于提问的高手。在面试时，他用提问向面试官展示了自己对公司的了解和对未来的职业规划，赢得了面试官的好感；而在推销时，他则用提问不动声色地收集了客户的信息，从而根据这些信息为客户提供了更好的产品选择，赢得了客户的信赖。

　　这就是提问的力量。爱因斯坦曾经说过：提出一个问题往往比解决一个问题更重要。交谈的过程也是如此。一个善于提问的人，总是能够主导谈话的走向，给对方留下深刻的印象。那些优秀的演说家、谈判专家以及销售高手，他们几乎都有一个相似的特质，就是特别擅长提问题，也特别喜欢提问题。

当然，问题也并不是随便提的，而是要经过深思熟虑，在充分的准备之下提出问题，要让自己提出的每一个问题都有针对性。正所谓"智者问得巧，愚者问得笨"。一个好的问题，抵得上一万句不得要领的废话。

总之，无论在何种情形下，学会抓住谈话的关键，用精准的问题来推进谈话，以达到自己的目的，才算得上是一个聪明的沟通者。

了解越深入，提问越精准

中国有句古话：知己知彼，百战不殆。这是两千多年前，兵圣孙武总结出来的。这一技巧，在沟通和谈话过程中，同样有着至关重要的作用。很多时候，只要你留心，看似不经意的一句话，就能够让你获知对方的许多信息。而这些信息，可以帮助你随时调整交谈的节奏，提出更加具体、更加有针对性的问题，从而进一步掌控局面。

所以在聊天时，我们一定要注意信息的采集。如果一直在说自己的事情，不给对方发言的机会，那么无异于是一种单方面的展示，而没有接收信息的环节。这样一来，别人对你倒是了如指掌，可你对对方却一无所知。这样的信息不对等不仅于交流无益，而且还会让对方觉得自己不受重视，不被尊重。

所以，在聊天的时候，不妨多听听那些关于别人的故事，在这个过程中记住一些重要的信息，例如职业、喜好、生日等。有了足够的了解，我们就可以进一步提出一些对方喜欢回答并且能够增进彼此了解的问题，比如对方未来5年的职业规划是什么，对方喜欢哪种生日礼物，等等。了解得越深入，我们的提问就能越精准，从而让谈话越成功。

这天，王大妈来到农贸市场，准备买些水果。她来到一个小贩的小摊前问：“你这杏怎么样啊？”

“我这杏又大又甜，特别好吃！”小贩赶紧说道。

王大妈摇摇头走开了，又来到另一个小贩面前，问了同样的问题。

这第二个小贩眨了眨眼睛，说道：“我这里是专门卖杏的，啥样的都有，您想要什么样的？”

“我想要酸一些的。”王大妈说道。

“那您挑这一篮里的，保准你酸得直流口水！”小贩提了一篮杏递过来，王大妈买了两斤。在离开的路上，王大妈又看到了第三家卖杏的摊位。这第三个小贩一眼就看到了王大妈手里的杏，他主动跟王大妈打招呼问道：“大妈，别人买杏都买大的，我看您这袋子里的杏个头都不大呀？”

“我儿媳妇怀孕了，总想吃酸的东西，我特意给她挑的酸杏。”王大妈笑着说。

“哎呀，您这老太太可真是明白人，对儿媳妇这么体贴，回头一准儿给你生个大胖孙子！”这小贩的嘴特甜，几句话把王大妈说得眉开眼笑。于是王大妈又在他这里挑了两斤酸杏。

小贩一边给王大妈称杏，一边问道：“大妈您知道孕妇最需要什么营养吗？”

“营养肯定是都需要，最需要啥……这我还真说不上来。”

“孕妇最需要的是各种维生素。维生素补充全面了，才能让孩子更聪明。您知道我这里哪种水果维生素含量最高吗？”

"哪种？"这个问题王大妈还真不太清楚。

"是猕猴桃！"小贩拿起一颗猕猴桃说道，"这可是维生素之王，孕妇常吃这个，保准生的孩子聪明又机灵。"

"是不是啊？"王大妈隐约听说过"维生素之王"这件事，于是又买了两斤猕猴桃。

小贩开心地给王大妈称好装好袋，又叮嘱道："大妈您知道吗，我这儿是这市场里品种最全的水果摊，而且保证新鲜。每天的水果都是我一大早去批发市场挑选回来的。我每天都在这儿。您儿媳怀孕多久了？不同阶段需要的营养也不同，我可以给您搭配着推荐。"

"那太好了，还是你卖水果专业，我儿媳怀孕三个多月了，以后吃水果就来你这儿了！"王大妈很开心，她觉得这第三个小贩真是体贴又专业，以后儿媳妇要吃的水果都来他家买。

很显然，上面的这三个小贩，要属第三个问题最多的这个最聪明。他用一个问题引起了王大妈的注意，然后又用一连串的问题，获取了王大妈儿媳怀孕以及怀孕多久的信息。不仅卖出去了两样水果，而且还锁定了未来一段时间王大妈的买水果意愿，这无疑是非常成功的。

当然，小贩用问题来获取信息的做法只是其中的一种。在日常生活中，我们完全可以运用各种各样的方法和手段来获取对方的信息。古人说"工欲善其事，必先利其器"。在谈话时，"利其器"的过程，其实就是一个信息收集的过程。我们要学会通过各种蛛丝马迹来获取信息，更深入地了解对方，从而提出更加精准有效的问题，让自己成为一个受欢迎的交谈对象。

开放式提问避免"尬聊"

在谈话中，我们最害怕遭遇的就是冷场和尴尬的场景，而提问恰恰是最容易引起冷场和尴尬的"罪魁祸首"。可偏偏在谈话中，提问却是必不可少的，那么，我们究竟该如何避免这种引起冷场和尴尬的失败提问呢？这就需要我们了解"安全问题"这个概念了。所谓安全问题，其实就是一些设定为开放式的提问。这种提问可以有效避免冷场和尴尬，还可以带动起被提问者的热情和兴趣，从而增进聊天的气氛。

心理学家曾经总结过许多著名演讲家的演讲，发现这些演讲家之所以能够使演讲精彩、引人入胜，就是因为他们懂得如何提问，用提问去引导听众，调动听众的热情，让听众参与到演讲中。接下来，演讲家只要保持问题能够继续提下去就可以了。很显然，演讲家所提的问题一般都属于"安全问题"。

海鹏是某智能马桶厂家的销售员。这天，他去外地出差拜访一位经销商。这位经销商是厂家的大客户，销售量一直都非常可观。见面时，海鹏准备跟他聊聊智能马桶的使用体验，就问这位经销商："您家里用的是咱们厂家哪一款智能马桶呢？"没想到经销商回答道："家里人都习惯使用蹲便，所以我家里是没有马桶的。"

这个回答大大出乎了海鹏的意料，气氛变得很尴尬。他本来以为经销商肯定会使用自家产品的，事前做了一些准备。但这样一来他之前准备的好多问题和聊天内容都落空了，甚至不知该如何继续交谈下去。

海鹏这次谈话的失败在于，他在提出问题的时候，没有把对方可能给出的答案都预想一遍，只自以为是地预设了一个"理想的答案"。结果，当答案与"理想"不符的时候，话题也就无法再继续下去，只能以尴尬的冷场来收尾了。同样的情形我们还会在一些上级与下属的对话中看到。当上级询问下属一些难以回答，或者答案不是那么容易启齿的问题时，谈话就很容易陷入尴尬。而那些高明的领导者，在与下属进行沟通时，往往都会使用一些开放式提问，从而让问题变得更加"安全"，避免冷场尴尬给下属带来不适感。

开放式提问的好处就在于不管领导提出的是何种问题，都能够让下属有话说，让领导能够继续提问下去。比如，在询问下属业绩时，领导如果直接问："你这个月的业绩达标了吗？"那么下属面对这个问题时就局限在两个答案之内：达标或者不达标。

很显然，如果回答是"达标"，那么对话还可以愉快地继续；如果回答是"不达标"，那么就尴尬了，对话的气氛瞬间就会发生变化。

因此，高明的领导往往不会直接问，而是换个方式问："这个月的工作怎么样，压力大不大？"这样一来，下属就可以从多方面来回答。领导可以从回答中找出问题继续提问。

　　同样的道理，员工工作出错时，高明的领导不会直接问："你知道自己错在哪里吗？"而是会问："如果让你换一种处理方式，你会怎么做？"而在员工工作遇到困难时，他也不会问："这个问题你能不能解决？"而是会这样问："你准备用什么方法来解决这个问题呢？"

　　总结起来就是：开放式提问其实就是尽量扩大对方回答问题的范围，而不是局促在有限的回答里。换句话说，就是努力让对方能够接上话，从而让对话愉快地进行下去。这一技巧在销售过程中尤其常用。那些优秀的销售员，会在拜访客户之前精心准备要提的问题，而且这些问题往往是属于范围广、开放性的问题。这样的问题有利于提升客户对话的热情，让客户不至于无话可说，这样一来，销售员就可以从客户的回答中搜集到自己想要的信息了。

　　销售员海鹏就是因为没有掌握这个技巧，一开始就让客户把话说"死"了，所以也就无法继续提问下去，不仅场面陷入尴尬，而且也失去了进一步获取信息的机会。这是我们每一个人都要引以为戒的。在日常对话中，我们不妨多留意一下都有哪些开放式的提问，然后把它们记下来，在需要的场合，就可以信手拈来，随机应变。比如以下这些问题：

　　请问我有什么可以帮助你的吗？

　　关于公司未来的发展，你有什么好的想法和建议吗？

　　如果现在你有足够的能力，你最想做什么事情？

　　你认为什么样的问题值得去解决？

　　很显然，这些问题都属于开放性的提问，在很多场合都适用，而且也很容易回答。它们不仅能帮你打开聊天局面，而且能够帮助你了解对方的一些基本信息。当然，开放式提问更大的意义在于打开局面，避免冷场，从而进一步提出其他有价值的问题，以获取更多的信息。我们要想成为聪明的交谈者，就必须掌握这个技巧。

封闭式提问确认事实

提问是获取信息的一种有效方式。但很多时候，回答问题的人未必会愿意给出明确的答案。这种时候，为了避免对方的回答避重就轻，如何提问就显得至关重要了。比如当我们需要通过提问来确认某些事实，或者得出某些具体的答案时，封闭式提问无疑是最好的选择。这样可以避免对方在回答时有过多的"发挥空间"，将答案限制在某个范围内，从而帮助我们更好地找到答案，确认信息。

小丽是一家公司的新员工，刚刚入职的她对工作满怀热情，希望能够在新环境里提升自己，并为公司做出贡献。但是初来乍到的她并不是很熟悉公司的情况，她在吃饭间隙向自己的搭档芳芳请教："芳姐，我需要怎样做才能得到提升啊？"

没想到芳芳冷冷地回了她一句："你按领导的要求去完成任务就可以了！"

很显然，芳芳虽然回答了，但是回答的内容却没有任何"营养"。也就是说，她给出的答案看似正确无比，却没有任何实际的作用和意义。就好像是问："他是谁？"答："他是一个人。"这样的问答虽然有答案，但纯属废话，毫无价值。

芳芳之所以选择用这样的回答来搪塞同事，原因大家心知肚明，那就是怕担责任。如果自己提供了具体的建议，小丽照着去做了，一旦有什么不好的后果，引来埋怨是小事，被领导批评就得不偿失了。

像芳芳这样的人，其实在生活和工作中我们是经常会遇到的。他们虽然有能力提供帮助，却不愿意轻易分享自己的建议。这也并非他们自私自利，只不过是过于谨慎罢了。除此之外，我们还会遇到那些骨子里抗拒回答问题的人，因为性格或者其他种种原因，我们很难用提问的方式让他们开口，在聊天的时候也很难打开局面。

因此，我们应该掌握一种更好的提问方法，来"撬开"这些人的嘴，打开他们的话匣子，这种方法就是"封闭式提问"。那么什么是封闭式提问呢？我们不妨用小丽和芳芳的例子来加以说明：

小丽如果想要从芳芳的嘴里得到有意义的回答，可以把问题从"我需要怎样做才能得到提升？"换成"我按领导要求完成目标之后，如何才能进一步得到提升？"

如此一来，芳芳就不能用"按领导要求去完成任务"这样的回答来搪塞了。这个问题逼着她要更具体地回复小丽，而小丽也可以从中获得自己想要的回答。

这种"将对方的无营养答案包含在你的问题中"的方法，就是封闭式提问法的一种，属于"半封闭提问法"。通常这种方法适用于向他人请教意见、征求他人看法的场合。

　　而另外一种"全封闭提问法"，则适用于想更进一步得到答案的场合。比如小丽问芳芳："我按领导要求完成我们的目标之后，是要进一步超额完成任务呢，还是要把之前完成的任务再进行精细化？哪种做法可以让我得到进一步提升？"

　　这样一来，对方就必须在限定的两个或者多个答案中做出选择，这样就更加没办法用一些废话搪塞过去了。其实这种封闭式提问的技巧在生活中也非常常见，比如销售员经常会问你："请问您是要买这款休闲鞋还是另一款慢跑鞋呢？"这样的提问巧妙之处在于，它会给被提问者一个心理暗示，就是必须做出其中一个选择。

　　此外，这种心理上的博弈还常常被人们用于哄孩子，比如你家里现在有一个小孩，你一定会经常头疼一个问题，那就是每次你问孩子："上床之前你要干什么？"他就会给出各种各样的回答："再玩五分钟手机"或"我要吃一点饼干"，这显然都不是你想要得到的回答。在这样的情况下，有经验的家长会这样问孩子："上床之前，你是先刷牙，还是先洗脸？"这时小孩无论回答先刷牙还是先洗脸，相信你都会很高兴。

　　因此，掌握封闭式提问的技巧，有助于我们在谈话过程中掌控节奏和走向。这是大家必须掌握的。

站在对方的角度去提问

有一句英国谚语是这样说的:"要想知道别人的鞋子合不合脚,穿上别人的鞋子走一走就知道了。"这其实就是在告诉我们,想要真正了解别人,就要懂得站在别人的角度去思考问题,而不是自己一个人想当然地揣测。只有学会从对方的角度出发,站在对方的立场上去思索,我们才能投其所好,明白对方内心深处的情感需求,然后以这种情感需求为切入点,进一步扩展,进行提问,直到能够以感情打动对方,这就是我们常常说的"动之以情"。

周末,老张一个人出门逛街,想着自己用了两年多的手机电池越来越存不住电,于是就来到一家手机卖场,想看看有什么实惠好用的手机。

一进卖场,一个销售小伙子就迎了上来,热情地给老张介绍各种款式的新产品。老张听着各种各样的参数感觉有点懵,他其实只关心价格和看上去是否顺眼罢了,而且也并非一定要今天就买。于是他晃了一下自己的手机,表示自己的手机其实还能用,就是电池不行了,今天过来就是随便看看。

没想到销售小伙子执着地"开辟"了另一个话题："您这款手机是三年前的产品了吧？现在早就落伍了，您看这屏幕分辨率，还有样式，现在的很多热门应用您都用不了了吧？您真该换一个新手机了！"

小伙子略显夸张的反应引起了旁边几位买手机的客户的注意，好几个人纷纷投来异样的目光，盯着老张手里的手机看。老张顿时浑身都不自在了，觉得面子上有些挂不住，又不好意思发作，爱理不理地回应了小伙子几句，就准备离开。

这时，旁边的女销售主管示意销售小伙子离开，她自己走过来对老张道歉说："大叔您别介意，您这个手机其实质量非常好，我爸爸用的也是这款，两年多了质量还好得很，我想给他换新手机都没有机会呢！"

老张觉得这姑娘说话中听多了，于是停下了脚步。这位销售主管接着跟老张聊了起来。

"您这款手机平时使用起来都有哪些问题呢？"

"接打电话倒是没啥问题，就是电池不行，看一会儿新闻，就提示电量不足，一天得充好多回电。"老张回答。

"哦，那确实有些不方便。"销售主管说道，"而且电量不足的话，是不是在使用一些应用时经常被打断？"

"可不是嘛，有时候正看着新闻呢，突然就没电了，烦人得很！"老张忙不迭地附和。

"那您倒不如不给旧手机换电池了，干脆直接加点钱买一部中端配置的新手机，这样各方面的体验都会好很多。您每天不用为手机突然没电生气了，这对身体也是一件好事呢！您觉得我这个建议怎么样？"

　　老张觉得这姑娘说话很实在，也确实为自己着想了，加上推荐的手机也并不是很贵，于是当即就买了下来。

　　据科学家研究，百分之八十的人在思维、行动等方面与我们截然不同。也就是说当我们在提问时，站在我们面前的这个人很有可能在诸多方面与我们存在很大的差异。因此，我们需要站在别人的角度来思考问题，只有理解他们，提出"动之以情"的问题，才能达到较好的提问效果。

　　一开始那个销售小伙子，正是因为没有明白这个道理，而错误地把自己放在了老张的对立面，无论是分析手机需求，还是推荐手机型号，都一直站在老张的对立面说话，不惜通过贬低老张手里的手机来达到自己的目的。这样的做法是非常错误的，站在这样的立场上提问，不会得到任何有助于销售的信息，只会引起对方的反感。

　　而反观女销售主管的询问过程，可以说从一开始的"我爸爸用的也是这款手机"，就成功拉近了与老张的距离，为进一步的沟通打下了基础。接下来的几次提问，也都是站在老张的角度去分析旧手机带来的不便，以及更换新手机的客观与主观需求，最后通过这几次简单的询问，获取到了自己需要的信息，也达到了自己的预期目的，可以说这是一次非常成功的"动之以情"式的销售对话。

　　很多时候，在我们向对方提问时，一定要学会站在对方的立场上想问题。这样既可以避免提问时让对方感到不适和尴尬，又有助于拉近与对方的心理距离，可以让谈话的气氛变得更加融洽和谐，何乐而不为呢？

用"明知故问"打开局面

心理学家认为，如果我们在谈话时谈论对方觉得自己能成功的事情，那么就能满足对方的自尊需求，这符合马斯洛提出的人的五大需求中的尊重需求。尊重需求既包括个人对事业成就的感受，也包括来自他人的认可与尊重。

在日常生活中，当我们想在聊天的时候打开局面，和对方拉近关系，让对方更快地从心理上接受我们时，不妨试着和对方聊一聊能够令他扬眉吐气的话题，以此来打开聊天的局面。

比如说，当你看到对方戴的手表很不错时，你可以问他："你的手表看起来不错，一定很贵吧？"人都有虚荣心，你这么一问，他自然会觉得很高兴。再比如："听说最近你出了本新书，一定很畅销吧？""相册里的小孩是你的孩子吗？真可爱！""相册中的女士好美，想来一定是贵夫人吧？"这些问题的答案可能都是你知道的，但即便是你明知故问，对方也一定不会觉得厌烦，反倒会很高兴。因为这些问题恰恰都是对方最愿意回答，也最感到骄傲的，不管提及多少遍，都会让对方觉得心花怒放，自豪不已。对方甚至还会觉得你很关心他，从而对你产生好感。相信他会很愿意接着你的话题继续讲下去，心情也一定会有很大的改变。

这种"明知故问"的提问方法，就是明明知道答案也要去问对方。只要能使对方高兴，你可以先问他一些无关紧要的事情，然后当他的心情变好时再问你真正想要问的问题。问对方得意的事情，问对方想让大家都知道的事情——他可以借着你的嘴巴将他最想告诉大家却又不方便主动提起的事情说给大家听。

小王大学毕业后，与同学一起创办了一家互联网公司，但经历了初期的发展之后，公司的业务陷入停滞，甚至到了入不敷出的地步。经过商议，他跟合伙人一致认为，如果公司无法顺利融资，肯定是无法渡过难关的，于是经过一番调查和准备，他们将目光投向了投资人雷总。

经过一番运作，小王终于找到了曾经的合作伙伴作为中间人，寻求到了一次与雷总的面谈机会。但是因为雷总业务繁忙，秘书告知小王，他只有二十分钟的时间来介绍自己的项目和说服雷总。时间紧迫，大家都觉得很难用二十分钟来介绍完公司的业务和发展前景，而小王却并不十分担忧，他心里已经有了一个笃定的计划。

见到雷总之后，小王并没有开门见山——一上来就提出自己的项目，而是开始了提问模式："雷总您好，我知道您刚开始创业时，公司只是一个不足十平方米的办公室，手下也只有两个员工，我想问下，您是如何取得今天的成就的？"

　　小王的这个提问让雷总感到意外之余，也让他想起了自己刚创业的那段时光，那段时间的艰难历历在目。于是，雷总开始讲述自己的创业历程，讲述了公司面临的几次生死关，如公司曾经面临资金短缺、银行不肯贷款的情况。讲到得意处，他甚至会眉飞色舞。看来，他完全把小王当成了一个可以信任的伙伴。

　　其实，雷总成功的过程，几乎已经被所有的媒体报道了个遍，大家几乎都知道了。但是小王知道，成功人士往往都喜欢回忆自己的奋斗史，尤其是奋斗过程中最艰难的那段。他利用了这点，走了一步险棋，把这宝贵的二十分钟会面时间交给了雷总自己，用一个明知故问的问题打开了对方的话匣子。

　　二十分钟很快就过去了，秘书进来提醒说后面还有其他要见的预约者，雷总说："让那些人回去吧，这一轮的投资我已经找到了最好的合作者。"

　　说起来，小王的公司其实是家小公司，其他几家前来寻求合作的公司几乎都比他的公司要大，也更有实力，那么，为什么雷总把投资的橄榄枝递给了小王呢？

　　其实就是因为小王用到了明知故问的提问技巧，抓住了提问的切入点，那就是谈论雷总最喜欢讲的奋斗史。在这个过程中，雷总的自尊得到了极大的满足，因而，他决定跟小王合作。

　　其实，这种明知故问的提问也是一种不露痕迹的恭维。这个世界上没有人不喜欢被恭维，因为恭维能给人们带来一种尊重感和满足感。小王用提问的方式让雷总回忆起自己最得意的事情，从而拉近了两人之间的距离，最终促成了这次融资。

　　每个人都非常重视自己，也希望别人能重视自己，而能够给予他人被重视感觉的，莫过于让他们谈论自己得意的事情。因为某些成功的经历至少彰显了他的某些方面的才能，而这些才能是他希望人们所知道的。那么作为提问者的我们，一定要学会抓住这些重点，明知故问，让对方主动把这些成功经历或者得意之事讲出来，从而让对方获得满足感，以便更快打开沟通局面。

做功课要在提问之前

在一场谈话中，我们所拥有的提问时间和提问次数都是有限的，想要在这有限的时间里，尽可能多地收集到对我们有用的信息，就需要我们把握住每一个提问的机会，争取让每一个问题都有价值、有意义。而要做到这一点，我们就必须在提问之前对对方有足够的了解，这样才能把每一个问题都问到点子上。

所以，想要完成一场成功的谈话，关键的环节并非谈话本身，而是在谈话开始之前。同样，想要提出好问题，关键还在于做好提问之前的功课。

2006年，德国队和阿根廷队在世界杯1/4决赛中相遇。德国队在经历了一百二十分钟的残酷角逐后与阿根廷队战成平手，双方进入点球大战。

此时，德国队门将教练科普克把一张神秘的纸条送到德国队门将莱曼手上，当时，谁也没有注意这个细节。

在点球大战中，莱曼超常发挥，接连扑出阿根廷两粒点球。最终，德国队4比2获胜。

　　赛后，人们把赞美都献给了莱曼的"上帝之手"，但实际上，点球大战真正的英雄却是德国队的情报员以及球队的专家团。他们认真收集了关于对手的每一场比赛录像，主力球员的跑动路线，经常分球给谁，罚任意球、角球和手抛球的方式，传中球的特点，等等。甚至对手主力球员的家庭婚姻背景，都在他们调查的范围之内。通过分析研究对手主力球员的特点和数据，大大提高了门将莱曼扑救点球的成功率。

　　之所以提到这个例子，是因为就像点球大战一样，在很多场合，提问都是相当重要和谨慎的，甚至没有修正的机会和可能性。比如重要的商务谈判、外交谈判等场合，都需要像德国队一样事先做好充分的准备。我们想要每一次提问都能做到有的放矢，就需要事先做大量的准备工作。

　　以商务谈判为例，整个谈判的过程其实就是互相提问和回答的过程。谈判者在对自身情况全面分析的同时，也必须设法全面了解谈判对手的情况，包括对手的实力，信用状况，对手所在国（地区）的政策、法规、商务习俗、风土人情，等等，从而确定提问的内容和方向。

　　在谈判前的具体准备工作中，要对对方的情况进行充分调查了解，分析他们的强弱项，从而去确定什么问题是重要的，什么问题是次要的，哪些问题是可以问的，哪些问题是没有商量余地的。同时也要分析自身的情况，什么样的问题用什么样的人选去提出来，再由什么样的人选去应对，等等。

假设我们要与一位大公司的采购经理谈判，在谈判之前的准备过程中，我们首先要问自己：谈判的主要问题是什么？应该先谈什么？我们了解对方哪些问题？有哪些敏感的问题不能去碰？对方可能会反对哪些问题？以前与对方的业务中有哪些经验教训需要注意？我们在这次谈判中有哪些优势？在哪些方面我们可以让步？他们的谈判战略会是怎样的？

事实上，谈判之前要准备的问题远远不止上面这些。我们必须列出一份问题清单，把要问的问题都提前准备好，做足功课，才能在谈判的过程中掌握主动，提出更加精准的问题。只有目的明确的人，才会用心去做。做好事前准备，方能做到心中有数。

另外，也要注意问题的难易度，问题的难度不可以过高，以免对方无法回答；也不可以过低，以免对方回答时敷衍了事，让自己无法获取到有用的信息。而要实现这些目的，都需要我们在提问之前做足功课。

避开提问的雷区

在中国有这样一个典故：据说在龙的咽喉部位下方生长着几片逆鳞，这几片逆鳞是无论如何也不能碰的，如果不小心碰到了逆鳞，那么就会激怒龙，甚至要面临被龙吞噬的危险。对龙来说，触摸到了逆鳞就是伤害到了它，伤害它的人必然要面对它的怒火。同样的道理，人也是有"逆鳞"的，很多时候一旦我们在提问时触及了对方不愿意被触及的地方，那后果可能是非常严重的。就像在战场上士兵会避开雷区一样，我们在提问的时候，也要学会避开那些雷区。

一家地产楼盘的接待处来了一对年轻人。销售员小黄十分热情地接待了他们，带着他们看了几套样板间。从交谈中，小黄了解到，这两位年轻人都不是本地人，现在在这边工作，于是他就问男方："你们买房一定是当婚房住的吧？什么时候结婚啊？打算什么时候要小孩？会不会把自己的父母接来这边一起住呢？"

这一连串的问话顿时让男方有些尴尬，他偷偷瞄了一眼身边的女朋友，并没有回答。女方停了好一会儿才说："还没有考虑那么远，有自己的小窝再说吧。"

小黄还不死心，又接着问道："这怎么能不考虑呢？家里父母年纪大了，没人照顾，将来肯定是要把老人接过来的呀，咱们买房的时候肯定也要考虑这个因素的，房子太小不合适，我建议你们买一套一百平方米左右的小三居，有备无患。"

男方的脸色这时候已经不太好看了，女方扭头看了小黄一眼，淡淡地说了句："这样算起来，加上孩子，也只够两家人住，我们两边都有父母，怎么办呢？"

小黄这才意识到：自己提的这个话题原来是个雷区啊，简直是越聊越尴尬……就在小黄无所适从、拼命想化解时，这对年轻人头也不回地离开了。

日常生活中，在你打算问对方问题的时候，最好先想想清楚，有没有涉及对方敏感之处或者隐私的问题，就是不该问的问题和不该碰的雷区。你最好能够规避这些问题，这样既不容易引起尴尬，对方也会很乐意接受你。

比如一些常识性的提问雷区：在对女性进行提问时，年龄、体重、其他女孩的漂亮程度等都是要避免的。

除了常识性的提问雷区，还有一些比较私人化的问题也要根据具体情况去对待。每个人都有不愿意他人触及的缺点、隐私或者一些尴尬事，如果你在聊天的过程中不合时宜地提起一些对方不愿意触及的问题，那么结果必然会很尴尬。

有位作家说过："身体上的伤口，很快便能痊愈，但是失言所带来的伤害后果，却足以让人记恨一辈子。"每个人都有自尊心和虚荣感，没人能够轻易忘记别人对自己的伤害，即使那人不是有意的。

因此，我们在向别人提问之前，不妨先换位思考，把自己当作对方来提问一下，将心比心，如果觉得问题过于尖锐，那么很显然自己触碰到了提问的雷区，最好考虑换个问题，以避开尴尬和不必要的问题。

第三章

求同存异实现有效沟通——
顺着别人的话更容易达成一致

常言道"众口难调"，有交流就有冲突，有统一就有分歧，没有哪个人可以保证自己说的话能得到所有人的赞同。很多时候，面对对方的不同意见，有的人选择了针锋相对，有的人选择了让步求全，也有人选择了分道扬镳。很显然，这三种选择除了第二种，其他两种都很容易导致不欢而散的失败结局。那么，怎样的选择才是不背离有效沟通的原则的呢？

先找到共同点，再解决冲突点

在谈话中，很多人都会陷入一个误区，认为要说服别人接受自己的意见，就得先证明别人的意见是错的，自己的意见才是正确的。但实际上，这种想法本身就是错误的。对同一个问题，不同的人会产生不同的看法，这原本就是很正常的事情。在很多时候，并不是所有问题都只有一个标准答案，我们选择A是对的，但选择B又未尝没有道理。

所以，与人交谈时，如果你的期望不是与对方针锋相对，而是说服对方接受你的想法和意见，那么在开口之前，就要懂得把"不对"改成"对"，给予对方一定的肯定，博得对方的好感与认同，之后再陈述自己的想法和意见，这样反而能取得更好的沟通效果。

小周是新入职的销售员，初入职场的他憋足了劲要大展一番拳脚。因为之前自己的专业课成绩非常好，而且还有一堆证书，他觉得自己虽然刚毕业没有什么经验，但却有着丰富的产品知识和销售理论，一定能干出一番名堂。

　　结果第一个月的销售业绩排名下来，小周竟然垫底了，销售主管也看出了小周受打击之后有些沮丧，主动找到他聊了起来。

　　"没想到说服客户这么难！"小周一肚子委屈，对着销售主管大倒苦水，"我们的产品理念这么好，质量这么过硬，比其他很多同类产品要强多了，可那些客户就是不听啊，我说什么他们都要反驳，很多时候甚至连产品还没有介绍完客户就走了……"

　　销售主管笑了笑，说道："小周啊，我觉得这并不是你销售专业知识方面的问题，而是你还没有意识到问题在哪。我只问你一个问题，你提到了客户反驳你，这个事情其实是相互的，究竟是客户反驳你，还是你反驳客户？这个问题你要好好思考一下。"

　　"可是很多客户的观念完全是错的呀！"小周急了。

　　"咱们先不谈这个问题，你明天跟我去拜访一个人，他是我的大学老师，一个专业知识非常广博的老先生，咱们去跟他聊一聊，你一定会有收获的。"销售主管说。

　　第二天，小周跟着销售主管来到了一所大学。当他见到主管口中的那位老先生时，着实吃了一惊，原来这位老教授是业内有名的专业人士，是不少知名成功人士的导师。当时是在一间教室里，老教授讲完课之后，提了好几个开放性的问题，让大家讨论，尽情发表意见。因为老教授的平易近人，课堂气氛十分活跃，很多学生为了一个问题各持己见，争得面红耳赤，然后去找老教授理论。

　　小周注意到，老教授始终一副乐呵呵的表情，不管学生的争论多激烈，在听每个人发表完意见之后，即便他们的观点截然不同，老教授也会先说一句"你说得对",然后再分析学生的观点,没多久就让好几拨争论不休的学生都心服口服地离开了。

小周看了一会儿,若有所思,他对主管说:"我明白你的意思了,老教授那么忙,我们不要去打扰他了,我看懂了,下个月我会更加努力的。"

第二个月,小周的销售业绩直线上升。同事们都觉得挺奇怪的,因为看上去小周并没有第一个月那么激进了,有的同事还以为他气馁了,没想到反而他的业绩上升这么快。在月底的总结会上,小周给主管和同事们讲了自己第二个月的收获。

"其实很简单,就是把找到客户的认同感当作最重要的事。"小周说道,"没有人喜欢一个处处反驳你的人,我不喜欢这样的客户,客户同样也不喜欢这样的销售员。所以我改变了态度,从客户的产品和需求入手,而不是从我们的产品入手。跟客户聊天的时候,先聊客户的事情,不管他发表什么观点,是否与产品有关,都要认同客户,记住一点:客户说什么都对,找到与客户之间的共同点之后,再进一步谈其他的。"

小周的这些心得,其实都来自那位老教授,不得不说,那位教授的情商确实很高,也极其懂得如何说话。以他的地位而言,即便他直接提出反对和批判,大概别人也不敢说什么。但他非但没有如此,反而会先给予对方肯定。试想一下,这样一位学识渊博、地位极高的教授,居然肯定了你的意见,虽然哪怕只是一小部分,但也足以令人受宠若惊了。

　　"对"只是一个字，却能在第一时间给对方留下极好的印象，把对方拉入你的"阵营"。接下来，即便你再开始陈述完全不同的意见，想必有了先入为主的好印象之后，对方也不会产生太大的抵触心理，反而可能会认真考虑，甚至接受你的意见。所以，在试图说服别人时，先别急着否定对方，而是应该先找到彼此的共同点，给予对方一些肯定，然后再去解决冲突点。

用真心去说服抗拒

　　参加过辩论赛的人都知道，一个辩题，无论是正方还是反方，都不能代表绝对的真理。辩论的输赢与道理的对错实际上是没有关系的。在这个世界上，很多事情其实都像辩论赛的主题一样，没有绝对的对和错，不管怎么做，每个人都有各自的道理。想要赢一场辩论赛容易，想要赢一颗心却是极其艰难的。

　　所以，当你想要说服一个人的时候，永远别试图用大道理去打倒对方，更别指望把自己推上道德的制高点去压制对方，比起良好的口才，一颗真心往往要更容易打动人。

　　小娜是一家公司的收银员。这天，临近下班时，她像往常一样整理现金，准备结账。可是在整理刚收的一笔现金时，她愣住了，钱数对不上！她仔细回想了一下，原来是刚刚因为业务员更改销售单，自己一时大意，竟然按照作废的业务单多退了刚刚那位客户一千元钱。

　　按照公司规定，这个失误是要收银员自己来承担的。虽然数目并不是很大，但对于刚毕业不久的小娜来说，她是很在意这笔钱的。这个客户的商品还没有准备好，客户并没有离开，小娜心急如焚，脑子里飞快地想着对策。

收银台上有"点清钱款，离开概不负责"的提示条，那就说明，如果客户不愿意承认，小娜是完全没有任何办法的。她强作镇定，盯着那个客户，她发现客户打扮得虽然很得体，但衣着显然有些陈旧，发型和鞋子也很普通。而且这位客户看似若无其事地站在角落等自己的商品，但其实却并不平静，还不时偷偷向收银台这边看，眼神中透露着挣扎和闪躲。

小娜几乎可以确定，这位客户对于多退了钱的事情心知肚明，或许内心正在挣扎，想着是否该将这笔钱据为己有呢？

小娜思前想后，没有更好的办法，她走出收银台，径直走到这位客户面前，用闪烁着泪光的眼睛看向他，轻声说道："先生，您知道，现在经济形势不是很好，像我这样的普通院校毕业生，想要找到一份工作真的很不容易。这是我上班的第三天，我真的十分需要这份工作。"

听到小娜这样说，这位男士愣了一下，或许小娜的泪水让他想到了自己当年初入职场时的艰难。他呆呆地看着小娜噙着泪光的双眼，沉默良久，开口说道："我正想去提醒你……"

最后小娜如愿以偿地拿回了由于自己失误而损失的钱，她不停地感谢着这位客户，客户不好意思地笑了笑，说道："打工不易，以后你可一定要认真，千万不能马虎大意了。"

对于小娜来说，是她自己的工作失误导致了事件的发生，如果说客户最终并不承认，那么在收银台"点清钱款，离开概不负责"几个大字之下，无论她选择怎样强势的方法，都没有把握让客户做出让步，而且还很容易因为话语过于直白而让客户觉得难堪并使冲突升级。

小娜最巧妙的地方就在于，她既没有直接指责那位客户，也没有试图用一些大道理去说服他，而是选择了一种最打动人心的方式——攻心。从那位男士的衣着和眼神中，小娜知道，他很可能跟自己一样在为生计苦苦挣扎。有着相同经历的人总是更容易引起共鸣。因此，小娜直接向他说明了自己的境遇，表达了自己的恳求，从而激发了他的认同和同情，最终他返还了多退的钱款，让这个意外圆满落幕。

不得不说，这是一次成功的说服。可见，想要说服一个人，攻心才是硬道理。当你能够把话说到对方的心坎里，让对方产生共鸣的时候，你说的话究竟正确与否其实已经不重要了。说服与辩论不同，辩论需要分出胜负，而说服的目标则只有一个——打动人心，获得对方的认可。

"事后诸葛亮"的行为不可取

聪明人与自作聪明的人最大的区别就在于：聪明人总会在事情发生之前向别人提出警示，在事情发生之后则三缄其口，沉默不语；而自作聪明的人则恰恰相反，他们在事情发生之前总是很安静，却喜欢在事情发生之后发表各种"高见"，以显示自己的"聪明才智"。人们喜欢聪明人，却往往不会对那些自作聪明的人产生任何好感。

小蕾上班的第一天就发现，同事阿宽是个待人热情的人：小蕾刚入职的上午，阿宽就主动给她介绍公司的上上下下；到了中午，他又主动带着小蕾到附近的餐馆吃饭。小蕾当时觉得阿宽在公司一定人缘非常好。

可是吃饭的时候，阿宽却说了一句让她大跌眼镜的话："太好了，以前我都是一个人吃午饭，现在你来了，以后终于有人陪我吃饭了。公司里的同事们好像都不太喜欢我，老躲着我，吃饭都不怎么叫我一起。"

小蕾当时觉得有些不可思议，还怀疑是阿宽在开玩笑，一个这么热情待人的人怎么会不受同事待见呢？这"不科学"啊。不过，随着了解的不断深入，小蕾渐渐发现，阿宽说的是真的，他在公司里真的不太受欢迎，同事们倒也不是讨厌他，而是不太喜欢跟他聊天，好像处处躲着他。

经过一段时间的观察，小蕾终于找到了原因：不是公司的人不友好，而是阿宽太喜欢唱反调。

具体是怎么个唱反调法呢？我们不妨看个例子：同事小张去朋友家小聚，心情比较好，小酌了几杯助兴，然后不小心把朋友心爱的盆景给打碎了。盆景是朋友多年的珍爱之物，朋友看着盆景被毁坏十分心痛，一怒之下和小张吵了起来，两人最后不欢而散。

之后小张也很郁闷，在公司跟阿宽闲聊时就一吐为快。阿宽是个热情的人，看到小张郁闷不已，就当起了参谋，噼里啪啦一顿讲，指出了小张的各种不对，一会儿说小张喝酒不该喝多，一会儿说盆栽打烂后应该如何补救，一会儿又说小张应该怎么去给朋友道歉……最后小张有点不爽，借故离开了。

这不是个例，在同事们的眼中，阿宽俨然成了一个"马后炮"和"事后诸葛亮"的角色。虽然为人热情真诚，但一起聊点话题，阿宽总是喜欢发表各种反对的意见，一会儿说对方这里做得不对，一会儿说对方那里应该怎么做，等等。渐渐地，大家都不太愿意跟阿宽聊天了，也不愿意跟他分享自己的事情了。

很多时候，热情的确能给人良好的第一印象，但随着关系的不断深入，交流变得越来越多，聊天的技巧也变得更加重要。以小张的事情为例，他原本就因为这件事郁闷不已，选择向好友倾诉时，好友最好不要说"你当时的做法不对"，也不要说"其实你应该怎么做"。事情都已经发生过了，说这些又有什么意义呢？其实此时只需点头表示正在倾听或者表示赞同，不要打断对方。等到对方说完之后，可以把话题进行横向展开，比如用"哎呀！怎么这么倒霉"或者"怎么会这样，你一定挺难过的"这样的话来表示同情。然后如果想要提建议，可以用"如果是我"这样的婉转语气来略加分析。这样一来，对方作为倾诉者得到了认同，然后才可能有进一步的深入沟通。

在平时与身边人沟通时，我们经常会成为朋友征求意见的对象，那么，用适当的方式去表达自己不同的意见和建议，让人听得舒服，产生认同感，愿意进一步跟你说出心底的话，也是一项技巧乃至艺术。如何去掌握这项技巧，提升沟通效果，增进彼此情感，需要我们不断地去学习和揣摩。

在这个过程中，我们要注意的是，尽量避免成为一个"事后诸葛亮"，因为这种事后指出对方不对之处的做法，会让人感觉不舒服。人与人之间的关系，是通过不断的交流加深的。如果我们在交流中注意一些小细节，就能给人带来舒适的聊天体验，比如不要总是在事后指出对方的不对之处，首先对对方的做法表示认同，认同在当时确实没有更好的选择，然后再一步一步地去表达自己的不同意见。这样一来，不但不会刺激到对方，而且两人的关系也会在无形中变得亲近，同时也让自己在别人眼中成为一个受欢迎的人。

圆场法应对意外情况

在聊天的时候，我们难免会遇到这样或那样的意外情况，如果处理不好的话就会令场面非常尴尬，甚至会引起不必要的纷争和矛盾。也许这份尴尬并不是由我们直接造成的，但如果我们能够及时地打圆场，缓解或化解尴尬的气氛，让交际活动正常地进行下去，让气氛变得轻松活跃起来，那么对我们的谈话来说显然助益良多，而且还能让别人对我们刮目相看，让我们成为交际中的明星。

通常来说，谈话中之所以会出现尴尬的情景，往往是因为有人说了不合时宜的话，或是做了不合时宜的事，导致交谈的双方甚至是所有人都陷入了难堪和尴尬的境地。面对这种情况，那些情商比较高、沟通经验比较丰富的人通常会巧妙地找一个借口，证明对方有悖常理的举动在此情此景中是正当的、无可厚非的和合理的。这样一来，对方的尴尬就解除了，正常的交流和沟通也能继续下去了。

雷军在化解尴尬方面是非常厉害的高手，其打圆场的功力非常强。

在2014年的首届互联网大会上，雷军讲了一番豪言壮语，他说：

"五到十年后，小米有机会成为世界第一的智能手机公司。"

这时候，台下的有些友商品牌代表就不开心了，竟然有人回了雷军一句："说起来总是容易的，但是做就没那么简单了。"而且声音很大，不光台上的雷军，现场好多人都听到了。大家顿时交头接耳起来，都觉得台上的雷军一定十分尴尬。

这时，机智的雷军接着说道："马云讲过一句话：梦想还是要有的，万一实现了呢？"这句话用在这里是略带自嘲意味的，但雷军用这句话为自己遭遇呛声的尴尬处境打了一个圆场，赢得了台下一片掌声。

在互联网大会上，不仅有小米公司代表雷军在，其他几家实力不凡的公司代表也都在场。雷军在他们面前说出那句话，不仅显得雄心勃勃，而且相当具有挑战意味，自然会招致某些友商的不满和异议。而这时，雷军以马云的一句关于梦想的名言为自己打圆场，给自己的话语加上了幽默和自嘲的韵味，削弱了其中的挑战意味，自然也就更容易让人接受。

打圆场的目的通常是调解纠纷，化解矛盾，避免尴尬，打破僵局。打圆场是有技巧的，运用得好可以消除误会，缓和尴尬的气氛，还有利于问题的解决。交际过程中，我们经常会遇到这样或那样的尴尬场面，虽然不是我们想要的，但从另一个角度来看，却正好给了你展现口才的机会。很多时候，一句话能够缓和尴尬的气氛，能够维护交际活动的正常进行，更能让别人对你刮目相看。

一家服装公司因为产品出了质量问题，有很多经销商堵在公司门口，希望找经理要个说法。当地记者知道这件事后，也纷纷到该公司想要进行采访。大家都被堵在公司门口，进不去。

正巧经理秘书丁晓云路过此地，被别人认了出来，于是记者和经销商就向她询问情况。丁晓云害怕自己承担责任，正打算让记者们去找经理时，突然想到：这是一个机会，一个展现自己的好机会。我得挺身而出，维护领导的面子和威信。

于是，丁晓云转变了主意，邀请了几位记者和经销商代表进公司面谈，并对他们说："发生这样的事情，我们公司真的感到很抱歉。我们领导非常重视，已经去下面的工厂寻找原因和补救措施了，好几天都没有回过公司了。请大家放心，一旦有结果，我们领导肯定会给大家一个说法。"

这件事后来得到了很好的控制，丁晓云也维护了自己领导的面子和公司的荣誉。虽然事后领导明面上并没有表示什么，但是他心中有数。不久之后，丁晓云就晋升为了公关部经理。

试想，如果当时丁晓云因怕承担责任或没有眼色，让记者们直接去找领导了，肯定会让领导感到尴尬，那么领导说不定会迁怒于丁晓云，甚至一怒之下就把丁晓云辞退。

遇到类似的情况，不管是否与我们有关，如果我们能帮别人一把，就不要退缩，因为不知道什么时候我们就会需要别人的帮助。当然，我们在帮助别人打圆场时，也要注意一个问题，就是要做到不偏不倚，要让双方都觉得我们没有任何的偏向。否则，我们的打圆场恐怕就是火上浇油。

我们要记住，生活中看到的任何事情都包含着两重性，其中的对与错、利与弊都是相对的。辩证地看待问题，是打圆场的又一种技巧。从另一个角度来说，打圆场也是一门语言艺术，善于打圆场的人都是精通语言艺术的人。他们通常可以灵活地应用各种方式，如幽默、自嘲、善意的曲解等，有时一句话就可以缓和尴尬的气氛。有时候，他们也可以用一句合情合理的解释或是一个借口来为自己或者对方找一个台阶下，避免让大家都陷入尴尬的境地。

避免生硬，化建议为商讨

在生活中，没有谁会喜欢被命令、被支使，这会让人觉得自己不受尊重。每个人都喜欢展示自己，希望自己处在比别人更优越的位置上，甚至喜欢用自己的观点去影响别人，这是人与生俱来的一种本性。但相应的，你有这样的渴望，别人同样有这样的渴望，没有谁会甘愿居于别人身下，成为配角。

某小区的停车位非常紧张，经常会有晚归的车主停车不够规范，挡住通道，或者是挡住别人的车位。保安老张是个暴脾气的人，每天他执勤时，一旦发现有车停得不规范，马上就会查车牌查电话，然后一通电话打过去："你看看你车停的，别人怎么走？你马上下来挪车，不然别怪我们锁车！"

然后情况就是：一轮到老张执勤，物业与车主的矛盾就特别多，小的口角和争吵是小事，还会有车主大吵一架后拒绝挪车，甚至之后会故意停车不规范借机报复物业的情况。这些让物业经理很是头疼。

其实，老张完全可以用不同的方式来处理乱停车的问题。比如可以友善一点地问："门口的车是您的吧？您停得有些不规范，挡住了其他车进出，车主很着急，我们在车这里等您，麻烦您尽快下来挪一下车。"这样的用语就会让人舒服很多，还可以避免很多不必要的争端。

后来，物业经理把老张的巡逻时间进行了调整，避开了晚间车辆回来的高峰期，然后换了另一位讲话比较委婉平和的保安来负责这个时段的巡逻。这样一来，整个小区都感觉到晚上平静了许多，物业经理也不用每天为吵架的事发愁了。

其实，避免语气生硬这件事，与我们的生活息息相关。无论是父母管教孩子，还是领导吩咐下级，以及老师教导学生，这些场合都要注意这个问题。试想一下，一个人对你说的是："到时间了，赶紧去吃饭！"另一个人对你说的是："现在时间已经很紧迫了，准备吃饭吧，不然一会儿见朋友会迟到的。"你会更愿意听谁的话？其实，追根究底，二者的目的都是同一个，那就是劝你抓紧时间去吃饭，都是对你的一种关心。但很显然，前者生硬命令的语气难免会让人心中产生抵触和逆反的情绪，而后者充满关心的建议则更容易让人感到心里很舒服。

所以有句话是这样说的："如果你想树立敌人，那么就去压制他、命令他；但如果你渴望拥有朋友，那就收起你的骄傲和高高在上。"我们要记住，无论何时，建议都比命令更讨人欢心。而且如果我们留意，就会发现，那些越是成功的人，越是身居高位的人，反而越少使用那些强硬的命令口吻。

一位IT界大佬的助理是这样描述他无比敬佩的上司的：

　　"总裁从来不会用命令的口气来指挥我们做事情。每次他把自己的想法和意见说出来之后，都会非常诚恳地让我们提意见，这让我们觉得他非常尊重并且看重我们。每次他需要改动助手起草的文件时，都会用一种商量的语气对助手说：'这里如果改成这种形式，是不是更好一些？'通常情况下，他很少会干涉手下员工的做事方法，只在有需要时才向对方伸出援手……"

　　从这位助理的描述中我们不难想象，他所敬佩的这位领导显然是个非常懂得尊重他人的成熟领袖，讲究以德服人，而不是用权势压人。在这样一位领导身边工作，确实是件轻松愉快的事情，也难怪这位领导能够得到助理发自内心的赞誉了。

接受指责并不是件难事

"人非圣贤，孰能无过？"每个人都会有犯错的时候，犯错并不可怕，可怕的是明明犯了错，却不能正视自己的错误，甚至不能接受别人的批评。在生活中，这样的人并不在少数，他们无法接受别人的指责与批评，根本不管自己究竟有没有犯错；他们总是把"自尊"两个字看得太重，甚至为了维护所谓的"面子"，在错误的道路上越走越远。

其实，接受指责并不是一件多么困难的事情，只要调整好心态，懂得用一颗包容之心去看待批评与指责，你就会发现，正是这些批评与指责，才帮助你不断进步，让你成为更好的自己。

众所周知，富兰克林是十八世纪美国最伟大的科学家和发明家，著名的政治家、外交家、哲学家、文学家、航海家以及美国独立战争的伟大领袖。不过，他在年轻的时候，却像那些性格急躁、做事粗糙的小伙子一样，自以为是，从不接受指责，热衷于口舌之争。

直到有一天，一位他最好的朋友把他叫到一旁，直言不讳地指责他："你真是无可救药了，对于身边那些与你意见不合的朋友，你说的话简直太过分了，大家都受够了你的尖刻。我们甚至觉得，很多场合下如果你不在场，大家会自在得多。既然你觉得自己无所不知，做的一切都是对的，那还要身边的朋友干什么？"

这番话让富兰克林深受触动，他立刻当面向自己的老朋友们道歉，承认自己粗暴急躁而又刻薄的态度是不对的。他表示一定会改正之前的行为，来弥补身边朋友们所受到的伤害。从那之后，富兰克林真的就渐渐改变了自己的缺点，一改以前傲慢、粗野的品性，变得成熟、明智，而且他还给自己立下规矩：绝不正面反对别人的指责和批评，也不准自己太武断。

在富兰克林身边人的印象中，后来的他十分注重自己在交谈时的用语和措辞，甚至不准自己说"当然""无疑"等针锋相对的字眼，而改用"如果可以"或"有可能的话"这样征求意见的语气，他的这种乐于接受批评和指责的谦虚态度使他逐渐成为事业的强者。

很多时候，指责和批评其实是别人好心给自己指出缺点，他们是在帮你挪开人生路上的绊脚石。别人看到了你脸上的灰尘，开口指责的目的就是想让你除去灰尘，变得更干净，这样来理解别人的指责和批评的话，就很容易接受。现实生活中其实还有许多人意识不到虚心接受别人指责的好处有多大，总是在受到指责时想尽办法为自己开脱，不惜与对方针锋相对，追求口舌之争的胜利。这是毫无意义的，对于自身的成长也毫无帮助。

要知道，那些指责和批评，可以指出我们的不足，让我们终身受益。明白这个道理之后，我们在交谈时面对对方的指责，不妨换一种心态去面对。现实生活中，很多人在受到指责时，总是习惯于反复纠缠，不断地为自己争辩，这其实是没有必要的。

在职场上，这样的事例更是不胜枚举。尤其是那些刚刚进入职场的新人，或因为经验不足，或因为自身的个性问题，常常会在处理事情的时候不够周全，以至于在工作中经常感觉压力比较大，总是担心做错事被上司批评。这种时候，如果不能以平常心态去面对前辈或领导的提醒和批评，就很容易变得敏感而偏激。

比如有的人在犯错时往往不能接受别人的指责和批评，甚至可能因为一句话或者一丁点小事就和别人争执不休，就是因为他们不懂得以平和的心态去看待这一切，总觉得如果接受指责，就等于承认自己错了，而错了自然就要承担后果。因此，为了逃避责任和惩罚，他们宁愿遮住自己的眼睛，堵住自己的耳朵，也要在错误的道路上一意孤行。

当然，如果我们确实受了委屈，被人误解，那么自然也可以找机会说明一下，但点到为止即可，不必因此而纠缠不休。如果你纠缠不休的话，只会产生负面效应，会使自己受到孤立，拉远与其他同事和上司之间的距离，导致人际关系恶化，让身边的人认为你"批评不起"或"批评不得"，甚至因此而错过一些培养或提拔的机会。在生活中也是如此，如果总是习惯于在受到指责和批评时为自己争辩，就会给身边的人留下不容易相处的印象，会因此影响到亲朋好友之间的相处。

认真地对待指责，诚恳地接受指责，不做不必要的解释，是虚怀若谷的体现，它会让你在沟通中更容易获取对方的信任，从而更快打开局面。面对别人的指责，虚心接受，心存感激，也是一笔宝贵的财富。它可以让我们的人生和事业变得更加顺畅，帮助我们走向更高的人生境界。

用对方的观点说服对方

　　生活中的很多时候，我们必须承认的一个事实就是，有些交谈的目的就是要说服对方，不管你多么虚怀若谷，多么委婉，多么顺着对方的意图去说话，但最终的目的只有一个，那就是说服对方接受自己的主张。那么这个时候，我们不光要注重沟通和交流的气氛，更要学会运用一些辩驳的技巧，从而高效地达成自己的目的。这些技巧中相当重要的一条就是"以子之矛，攻子之盾"，也就是说用对方的观点去说服对方。

　　这个技巧听起来有点高深莫测、不合逻辑，但实际上并没有那么复杂，说白了就是顺着对方的逻辑去说话，最终指出对方逻辑中的错误之处，从而说服对方。我们不妨来看一则小故事，从中体会一番。

　　春秋时期，齐国的君主齐景公非常喜欢马。有一天，他最喜爱的一匹马突然莫名其妙地死了。齐景公认为是养马人照顾不周，就把一腔怒气全发在了养马人身上。他命令手下人持刀，准备对养马人施行酷刑。

　　这时，齐国大夫晏子正好在齐景公身边，眼看着刽子手拿着刀就上来了，他觉得这样杀掉养马人肯定是不妥的，想要制止这件事。但是他转念一想，这时的齐景公正在气头上，未必能劝得住，于是他话锋一转，对齐景公说道："请问，古时候尧、舜施行酷刑的时候，是从身体的哪一个部位开始的？"

　　我们知道，尧、舜是大家公认的圣人，他们是不可能做出这种事的。齐景公当然也知道这一点，而且他也听出了晏子话里的意思，于是收回了之前的话，不再对养马人施以酷刑。可是那匹马毕竟是景公的最爱，他实在是心有不甘，又宣布要把养马人处以死刑。

　　晏子听了，知道齐景公是不肯罢休的，然而再要强行进谏，恐怕不会奏效。于是晏子学着齐景公的口气说道："这个马夫一看就不怎么聪明，死到临头，恐怕都还不知道自己犯了什么重罪。让我来替君王把他的罪状逐条宣布一下，让他死得明明白白、心服口服。"

　　齐景公觉得晏子的话很有道理，就批准了。

　　于是晏子开始宣布："第一条，君王命你养马，你不但没养好，还把马弄死了，这是第一条死罪。"其实马并不是养马人弄死的，而是暴毙的，大约是得了急症，晏子故意这样说，是说给景公听的。

　　"再者，你弄死的偏偏是君王最爱的马，以后君王没办法骑着这匹马外出游玩打猎了，这是你的第二条死罪。"旁边的景公听到晏子这样说，皱了皱眉，但没有说什么。

　　"还有，你因为自己的疏忽，导致君王因为一匹马而杀人，这件事传出去的话，会被百姓耻笑，也会被其他的诸侯嘲讽，使得齐国的声誉遭受损失，这是第三条死罪。"

晏子说完这三条死罪，又大声命令刽子手："还不快把这个十恶不赦的马夫拖出去斩首！"

这时，一旁的齐景公早听得尴尬不已，脸上红一阵白一阵，他这时反倒忙不迭地制止刽子手："且慢且慢，还是放了养马人吧！"

很明显，晏子在这个小故事中，并不是直接求情，而是顺着齐景公的话，用齐景公的逻辑推论出齐景公也觉得不妥的结果来，从而达到说服对方改变决定的目的。这种"以子之矛，攻子之盾"的说服技巧，当真是用得精妙无比。正如一句名言所说："用对方的思维打败对方，是最高明的沟通术，能掌握这种沟通方法的人，才是真正的心理操控大师。"

当我们想要说服他人的时候，有时候正面硬碰并不是件明智的事，因为没有人喜欢被人否定与顶撞，尤其是很多时候我们的说服对象是我们的长辈或者是上司，以及其他一些不方便直接反驳的对象。所以，这样的时候，如果能顺着他人的意思，用他自己逻辑，在问题中引出明显错误的论点，然后再用来说服对方，绝对是个好主意。

需要注意的是，我们在运用这一技巧时，要注意必须以对方的论点为前提，然后推论出非常明显的荒谬结论，从而证明对方论点的虚假性，这样才能起到最好的说服作用。

适当幽默，化敌为友

幽默是沟通成功的法宝，可以迅速拉近彼此的距离，更能在关键时刻帮助我们打破冷场，化敌为友。合理运用幽默的力量，我们就能通过成功的沟通，走上成功的道路。

在沟通与交流中，总是会有意见不合的时候，在这样的时候，一个人如果不懂幽默，那么必然会面临很多的尴尬和冲突。无论是在生活里还是在职场中，让自己变得更幽默一些，不仅能顺利地完成任务，还能让我们结交更多的知心朋友。要知道，在人与人之间的交往这场博弈中，富有幽默感的人总是能够略胜一筹。

小伟是一位保险推销员。有一次，他去拜访一位好不容易才约到的客户。一见到那位客户，他就走了过去，双手递上名片，热情地对他说道："您好，万分感谢您在百忙之中抽空见我，我给您简单讲一下我们公司的业务情况吧。"

没想到对方接过名片，很随意地扔在一旁，根本就没有仔细看。而且客户头也没有抬，眯着眼睛慢条斯理地说道："上次来拜访我的保险推销员，好像也是你们公司的，他在我面前讲了足足一个小时，讲得口干舌燥，我拒绝了他。今天同意见你，只是想当面告诉你，我肯定不会买保险的，以后请你也不要再打电话给我了。"

小伟抬起头来，看着对方不屑一顾且十分傲慢的样子，他知道这次遇到不好说服的客户了，想签下这张单子，简直是机会渺茫，可是他又不甘心就此放弃。他看到客户的身材非常魁梧，跟自己比较矮的身材形成了鲜明对比，于是灵机一动，大大咧咧地说道："是吗？我那位同事说了半天都没有打动您，我想一定是因为他形象不如我吧！"

原本都不正眼看他的客户听到这话，吃惊地抬起头盯着小伟说："你说什么？上次那位仁兄可比你形象好多了，起码个头都比你高得多！"

"可是矮个子也是身材的一种呀，常言道：浓缩的都是精华。上次那位同行肯定没有给您讲出保险的好处和精华所在，我今天只需要他一半的时间，给您讲一个'浓缩版本'的业务介绍，保证不浪费您的时间！"

客户被小伟不惜自黑的幽默逗乐了，笑着说道："哈哈，你这个人说话还挺逗，那你给我讲一下吧，我给你半个小时。"小伟随后真的只用了半个小时就说服客户给孩子买了一份保险。

面对客户故意为难自己的情况，小伟并没有退缩，而是以一种幽默诙谐的方式化解了尴尬，让客户刮目相看，从而也为自己推销保险做好了铺垫。如果小伟不懂得幽默，面对客户的拒绝，他更多的是感到失望，也许早就心灰意冷地退了出去。然而，正是小伟的机智，让他选择以幽默来化解尴尬，并成功引起了客户的兴趣，最终达到让客户买保险的目的。

有人说过这样一句话："严肃的问题，可以用轻松的方式来解决。"很多时候面对冲突和拒绝，我们可以选择用幽默的方式去化解。日常生活中，幽默能够使一个人豁达超脱；在人际交往中，幽默能使一个人更加平易近人，更加具有影响力，很多时候还能够帮我们打破僵局，摆脱困境。可以说，幽默是每一位成功人士必备的素质，也是人与人之间沟通交流的最好的润滑剂。

故事中的推销员小伟就是用幽默这把钥匙打开了客户那扇拒绝之门，因为那位客户从他的幽默中，读出了他的自信与睿智，知道这位推销员不仅是一位经验丰富、业务精湛的人，而且还是一位幽默有趣、可信可亲的朋友。因此，他转变了自己原本坚定拒绝的态度，给了小伟推销保险的机会，最终两人不但成了业务伙伴，也成了好朋友，而这靠的便是幽默的力量。

很多时候，对方可能会因为你的幽默而对你刮目相看，这样你沟通成功的机会就大大增加了。但一定要记住，幽默不是简单地说一些俏皮话，而是要以高雅为依托，讲究场合，注重对象，合情合理地释放你的幽默细胞。如果你足够聪明，就会清楚依靠幽默能使沟通变得更顺利、更富人情味。如果你希望在与他人的沟通中更加受欢迎，并且有所成就，那么，你就应该学会运用幽默，和他人一同分享欢乐。

第四章

话茬儿应该这么切——
话术切换让你永远有话说

谈话最怕的是什么？当然是谈话不能继续进行下去。不管是冷场的尴尬还是无话可说的窘境，都是我们难以面对的。更别说，一旦对方怒气冲冲，开始咆哮，这次谈话不仅不会达成满意结果，反而还会产生不好的影响。我们要学会在合适的时候切换合适的话术，避免出现哑口无言的情况。

"你听明白了吗"切换成"我说清楚了吗"

说话的语气是决定说话基调的重要因素，但并不是每个人都能注意到这个问题。我们要用合适的语气去和合适的人说话。在这个世界上，我们绝大多数时候都是以自我为中心的，所以在说话的时候，难免也会带上一些自我的意味。我们自己对于事情的描述，自然是翔实的；我们听对方讲话，听不懂的时候一定就是对方的问题。那么，我们能否切换一个角度去看待这个问题呢？

任玲从小性格就大咧咧的，她的父母一直为这件事情头疼。从小学到高中，任玲就像个假小子一样生活，但是因为年纪还小，没有人觉得有什么问题。等到她上了大学以后，已经长成一个亭亭玉立的大姑娘了，这个问题就越发严重起来。她实习公司的同事、她的男朋友，甚至是她的父母，都觉得她说话有点"横"。她的领导和客户都觉得她说话不讨人喜欢。为了改变自己说话上的问题，任玲向她的老师请教，而老师给她的建议是，说话的时候多为对方考虑，从别人的立场上出发去考虑问题。例如，当我们为别人去做一件事情的时候，不要想着对方对这件事情是否满意，而是问问对方我们做好了没有。前者是我们自行假设我们做的并没有问题，如果对方不满意，那就是对方的问题；而后者，是从对方的角度出发，先确定对方是否对我们满意，我们才能判断自己做得好不好。

从那天开始，任玲就改变了自己说话的方式。回家以后的任玲，做好饭菜以后不是问父母"我做得怎么样"，而是改成了"你们觉得好吃吗"；在向上级汇报工作的时候，说话的方式也从"你觉得哪里有问题"变成了"我还有哪里没做好"；在为客户讲解的时候，从"你哪里没有听懂"变成了"我还有哪里没说明白"。

过了一段时间以后，任玲发现她的人缘比之前好了很多。她的领导开始越发满意她的工作和态度，再也不会因为一些小问题挑三拣四了；她的客户也越来越愿意和她说更多的事情，客户的满意程度直线上升。

改变说话的方式，看似很简单的改变，实际上大有学问，我们要注意以下几点。

首先，心理位置的切换意味着责任的切换。我们在工作生活当中，与人来往，一件事情的好坏、成败，必然是要有人负责的。那么，负责的这个人是谁？他说话的方式会影响人们对他的印象。

例如，"你听明白了吗"这句话就将责任推给了对方。对方会觉得，如果我没听明白，那么就是我的问题。如果将这句话换成"我说明白了吗"，那么如果对方没有听懂，责任就在你的身上，是你没有说明白。不管是谁的问题，当你主动将责任揽在自己身上的时候，对方就觉得自己没有受到指责，必然会对你产生更多的好感。

其次，话题中心的转换。每个人都喜欢被人当成话题中心的感觉。很多人之所以有非常强烈的表现欲，就是为了争取被人们当作话题中心的机会。既然人们都喜欢这种感觉，我们就不妨从说话的方式上满足他们。以"我"作为发起服务的人，作为那个去做事情的人，而"你"是事情的中心，是"我"需要服务的人，是"我"需要当成中心的人。这样一来，对方从心理上就会获得极大的满足。

当然，这里的"你""我"的使用方式并不是绝对的，例如："你觉得这件衣服怎么样？适合吗？"和"我觉得这件衣服很适合你"就是截然不同的两种角度。第一种是将对方当成服务的对象，需要征求对方的态度，而对方才是那个真正做决定的人。而第二种，主体就变成了自己，不像是一种建议，更像直接帮对方做了决定。将自己当成主人，帮对方做决定，自然会引起对方的不满。我们在进行切换的时候，必须将自己放在一个服务者的位置上，将对方视为服务对象，这样你说话的态度才能够让对方满意。

最后，主动与被动的切换。交谈这件事情本身就是一个传递信息和收集信息的过程。当我们将所有的主动权都掌握在自己手中的时候，那么我们始终都是传递信息的一方，如此我们就很难获取更多的信息，在谈话中也很难有更多的发挥。只有使用话术切换，将主动权交给对方，自己切换到被动模式，这样才有机会获取更多我们想要的信息。

例如："您听明白了吗？"和"我还有哪里没说明白？"就是非常典型的主动与被动之间的切换。"您听明白了吗？"如果这个时候，对方说自己没有听明白，你又要怎么办？将刚才的话重新说一遍？恐怕对方还是不明白。直截了当地问"您为什么没有听明白？"或者"您哪里没听懂？"，这样仿佛是在嘲讽对方智商不足或者理解能力差。不如询问"我还有哪里没说明白？"，将主动权交给对方，让对方告诉你，究竟他哪里没有听懂，哪个点听得不清楚。这样你就能够更加准确地发现对方需要听什么，对方对哪些信息不够清楚，你也能够迅速做出补充。

在谈话过程中必须灵活掌握话术切换的方法。其中身份、地位之间的切换，都是由简简单单的"你""我"这种句子中的主体所决定的。换个说法，身份就切换成功了，这个时候对方心理所产生的变化就会对你有利。我们要经常使用这种说话方式，因为这样不仅会显得更客气、态度更温和，还会让人产生轻松、没有负担的感觉，让对方透露更多的信息，整个谈话的氛围也会更加愉快。

把咆哮者转化为倾听者

愤怒，是所有人都会有的情绪，每个人都会有愤怒的时候。我们不可能要求自己从来不发怒，更不能要求别人不愤怒。谈话，是需要良好的氛围才能达成的，一旦对方发怒，不能心平气和地谈话，甚至开始咆哮的时候，这场对话十有八九就要走向终结。

愤怒对谈话的影响非常大，主要是因为人在愤怒的时候就开始不受理性控制，开始失控。而如果我们还想要在这场谈话中获得自己想要的东西，那么就必须让对方能够好好地听自己说话，能够回归理性。那么，我们必须让对方在情绪上做一个切换，在主动权上做一个切换。变被动为主动，让对方明白，事情并非他所想象的那个样子。

付强是个脾气特别坏的人，倒不是他喜欢发脾气，而是他控制不住自己的脾气。他性格急躁，一遇到问题，就容易钻牛角尖，然后对别人发火。就是这样的他，在一次"维权"的过程中被一个年轻的女孩说服了。

在某网络商城的优惠活动中，付强购买了一台名牌电视。这台电视口碑不错，故障率也低，付强也是再三斟酌，才买了这个牌子。但没过多久，他就对自己的选择产生了怀疑：这台电视使用了不到一个月，就经常出现黑屏的问题。他上网查询了一下，发现这个品牌的电视中，只有这一款会出现这样的问题，而且出现的概率很高。

得知了这件事情以后，付强就致电对方的客服，对方表示要付强升级一下系统，或者更新一下软件再看看。付强按捺着火气照做了，但是黑屏的状况依旧。愤怒的付强终于忍不住了，他跑到该电商品牌线下的实体店，叫来了经理，大发雷霆。

"你们促销就是为了清仓伪劣产品的吗？我是冲着这个电视的品牌和你们商家的信誉才买的，结果还不到一个月，就出现故障了。今天你们必须给我一个说法，不然我就去消费者保护协会投诉你们！"

实体店经理是个二十多岁的年轻女孩，她看见付强火冒三丈，赶紧安慰付强说："先生，您先冷静一下。先告诉我们您购买了什么商品，出现了什么问题。如果真的如您所说，出现了故障的话，我们马上为您免费更换。"

"还换什么换？我告诉你，就算是退，我也不接受。耽误了我的时间，影响了我的心情，是退货就能解决的吗？不仅得给我退货，还得给我道歉，为你们出售伪劣产品道歉！"

"先生，我们作为线下、线上最专业的电器销售平台，是有自己的原则的，我们从来不出售假冒伪劣产品。我们可以因为影响了您的心情，浪费了您的时间向您道歉，但是出售假冒伪劣商品这一点我们是不会承认的。"

听到对方不肯承认出售假冒伪劣商品，付强更加生气了，他大吼着："怎么，你们这是敢做不敢当吗？你们就是这么服务顾客的吗？我马上就去消费者保护协会投诉你们，我还要去报社找记者曝光你们，让所有人都知道你们店出售的商品是什么样的质量，服务顾客是什么样的态度！"

根据付强数次维权的经历，只要事情到了这一步，对方要么就是愤怒地反击："你去啊，反正我们没做亏心事。"要么就是慌了手脚："先生，您别这么大火气，有什么事情咱们再协商……"但这次对方的态度出乎付强的意料，对方没有生气，也没有胆怯，反而依旧面带微笑，对他说："先生，您真的是这么想的？"

听了这句话，付强的火气更大了："我不这么想还能怎么想！你告诉我，我应该怎么想？"

年轻的女经理见话题的主动权到了自己这边，才开口解释说："先生，您到了我们这里以后一直在说我们的产品质量不好，却还没说您碰见了什么样的问题，也许我们能够解决您的问题。您的商品出现了什么问题，能说说吗？"

付强将新电视出现的问题一五一十地告诉了女经理，女经理听了后对付强说："先生，您购买的这款电视的确会有黑屏的问题，但这并不是因为我们出售的是假冒伪劣产品，也不是因为这款电视本身有问题。这款电视和其他的不一样，其他的智能电视在网络不畅的时候会出现卡顿的情况，而这款的表现就是黑屏了。一旦网络通畅，就会恢复正常。请问您家中的网络状况如何呢？看电视的时候减少其他设备网络的使用可以有效解决这个问题。如果使用网络的人很多，不妨单独办理一条线路用来看电视，那样我保证您的电视就没有问题了。或者如果您不喜欢这款电视，我们也可以为您更换别的款式，价格方面多退少补就可以了。"

付强对于女经理说的话将信将疑，回家之后按照女经理的说法，在使用电视的时候减少了其他设备的网络使用，电视果然再也没有出现过黑屏的问题。回想起当天的情况，如果不是女经理让自己交出谈话的主动权，那么自己就会不依不饶，去找消费者保护协会投诉了。如果到时候电视真的没有问题，那自己的脸可就丢尽了。

面对愤怒的人，掌握主动权，为自己赢得一个说话的机会是非常重要的。如果不能在被动与主动之间完美切换，那么你可能要将对方的愤怒照单全收，连辩解的机会都没有。有些时候，愤怒的人失去了理性，并不能认真地去思考事情的对错，那么这时候你就要找个机会告诉他，真正的情况是怎样的。或许，在对方明白了事情并非他所想的那样时，愤怒就会随之消失。所以，在面对愤怒的人的时候，我们一定要掌握话语的主动权，一定要为自己找一个说话的机会，这样才不会遭受无妄之灾。

将乏味的话题转向生活化

我们之所以要在谈话之中使用技巧，是因为我们有自己的目的要达成。或是要说服对方同意我们的意见或想法，或是要从对方那里获得更多的信息，或是要给对方留下一个好印象。不管是怀抱着哪种目的，使用什么技巧，都必须建立在一点上，那就是谈话要能够顺畅地进行下去，对方要对你说的话感兴趣。要如何才能够让对方对自己的话感兴趣呢？特别是一些专业化的话题，这个问题其实非常简单。

老赵是某品牌手机店的经理。最开始，他只是一个普通的销售人员，能一步步做到经理的位置，是因为他的业绩突出。所有从他手中购买手机的人，都对老赵有个准确的评价，那就是话说得明白。随着智能手机的兴起，很多与它相关的专业名词、数据，都会让对智能手机不太了解的人摸不着头脑。老赵能够将大量的专业名词、数据用简单的语言解释清楚，让他所有的客户都知道自己买到了什么，为什么买的这个好。从老赵和一位客户的交谈中我们就能感受到这一点。

"这位女士，您好，您喜欢哪款手机？"

"我想买一部好一点的，现在这部手机越用越卡。有没有用着非常流畅的？"

"您是想要一部性能好一点的，看看这款，要说流畅度这个可是顶尖的。"

"这手机是几核的啊？"

"这款的CPU是四核的。"

"四核的哪行，我之前用的那款八核还卡呢。"

"这个四核和其他的八核不一样。那种低端八核，就像是八个普通人一样，虽然人多，但是干活没劲。这个是高端的四核，身体就像四个运动员那么好，不光有劲，而且耐力还好。更别说还有一个副核特别省电。"

"副核是什么意思啊？跟别的不一样吗？"

"这副核啊，就是四个运动员旁边跟着的一个一般人。你想想，运动员能干，吃得也多，就特别费电。所以，平时如果有不累的活，就交给这个一般人。像显示时间、放音乐什么的，就不用费太多电了。"

"这手机像素多少？拍照效果好不好？"

"这手机八百万像素，拍照效果相当不错。"

"怎么才八百万呢，人家的不都是一千三百万吗？这效果肯定好不了。"

"照相可不只是像素越高，拍照效果就越好的。就跟画画一样，像素高说明了这个画的尺寸特别大，未必就是画得好。"

"大不就是好吗？越大越清楚啊！"

"八百万像素已经很清楚了，效果主要还是看相机的整体性能。就像我跟齐白石比画画，我画个一百平方米的，也不如人家画个一尺的，水平在那放着呢。"

"你这么说我就明白了，那就买这部了。"

老赵的精明之处就在这里，任何有关数据之类的东西，他都能巧妙地将其转化成生活中常见的内容。这样一来，不仅自己解释着方便，对方也听得更明白。这样做还有另外一个好处，那就是不会乏味。不管是谁，要是老是听一件自己根本听不懂的事情，其中还包含了大量的专业名词和数据，那很快就昏昏欲睡了。

在生活当中我们经常会遇到这种情况。隔行如隔山，真正懂我们要说什么的人，不需要太多的解释，只需要介绍一些基本的内容，对方就能够做出选择。但是对那些从事其他行业的人来说，他们对我们要说的东西没有丝毫的研究，这就需要我们进行解释了。对于那些懂行的人，就要说得非常专业，越是细致、数据化越好。但是对于那些不懂行的人，我们就需要用最简单的语言、最生活化的说法让对方明白我们要讲的是什么。

比喻是我们将专业化的话题变得生活化的最好的工具。不管对方是什么行业的人，拥有多少知识，只要我们能够将要说的东西和柴米油盐酱醋茶联系起来，对方稍加思索就能够明白。而且，巧妙的比喻也能够让对话变得更加有趣，能够让对方更有参与感。一旦有了趣味性和参与感，这段谈话就与无聊没关系了。即便是有些时候比喻不精准也不要紧，对方并不是想要学习知识，只是想要对你说的内容有一定的了解，方便自己下判断而已。

　　类比是我们另外一种有力的工具。每个人都有自己擅长的领域，在这个领域当中，懂的自然就要比别人多一点。如果我们能够将自己要说的内容和对方所了解的领域中的某样东西进行类比，不仅可以让对方马上明白，还会让对方产生亲切感。

　　不管是比喻还是类比都是需要一定的素质才能使用的。做好比喻需要强大的想象力，没有强大的想象力是很难将生活当中人人都知道的东西和自己所要描述的东西联系起来的。而类比则需要丰富的知识面，要将自己说的东西和对方的工作、爱好或者是其他的方面联系起来，这必须对对方的领域有一定的了解才行。因此，想要让你的话题从乏味转向生活化，除了了解足够的技巧，还需要一定的知识积累和素质培养。

掌握上堆、下切和平行，你将掌控全场

聊天最怕的就是没有话题，不知道该说什么，一旦陷入这种尴尬的冷场，谈话就很难继续下去了。

说话是一种技巧。在语言沟通中，交谈的方向不外乎三个方面：一是在与对方保持一致的前提下，用含义更广的词语去引导对方，让对方的思维向一个新的方向延伸和发展，并进行更深层次的思考，这种技巧我们称为"上堆"；二是弄清楚对方话语中的意思，抓住对方话语中的关键词，将话题引导到更具体、更细致的层面，我们将这种技巧称作"下切"；三是探索对方话语的意义，并探讨在同一层次的其他选择和办法，我们将这种技巧称为"平行"。

只要掌握上堆、下切、平行这三个语言技巧，在与人交谈时，我们就能够轻松掌控全场，而不需要再去担心因不知该如何继续话题而陷入尴尬的沉默和冷场中了。

我们可以来看这样一个案例：

一位老师正和一个因与父母赌气而想要放弃高考的男生谈话。

男生：老师，我不想参加高考了。

老师：不想参加高考？那你有什么打算？（上堆，让男生说自己的打算，即展望未来。）

男生：我打算专心参加托福考试，然后出国。

老师：你觉得参加托福考试和参加高考这两件事情有冲突吗？（上堆，询问两件事是否存在冲突，是为了让男生看清楚这一事件的未来意义和深层意义。）

男生：虽然没有冲突，但是我不想顺着父母的意愿。他们让我参加高考，我就偏不去考。

老师：他们为什么希望你参加高考呢？（下切，把话题导向更细致、更具体的层面。）

男生：因为他们不同意我出国念书、生活，他们希望我能在国内上大学，他们根本不考虑我的感受，实在太自私了！

老师：那你认为他们应该怎样做才不自私？（下切，聚焦"自私"这个关键词，引导男生进行客观判断。）

男生：不自私的话，他们就应该支持我的梦想，让我出国读书。

老师：所以你认为，你的父母不支持你出国读书，就是自私？

男生：这难道不是父母的义务吗？

老师：什么样的义务？（下切，继续具体、细致地询问。）

男生：就是帮我准备出国需要的费用啊！我现在又没有工作，不能自己赚钱。

老师：你现在已经超过十八岁了，是一个成年人了，你觉得他们还应该有这样的义务吗?(上堆,引导对方的思想,让对方意识到自己的自私,从而矫正自己的价值观。)

男生:……(沉默,不知该如何回答。)

老师:你说一说,为什么想要出国念书?你希望达成什么目的?

男生:当然是为了能够拥有更加美好和辉煌的未来,以及更高质量的生活。

老师:想要实现这样的目的,除了出国念书之外,你认为还有什么别的途径呢?(平行,引导对方看到同等意义下的其他选择,让对方能够从实际出发,找到更加体谅父母苦衷,并且更加具有可行性的方法。)

男生:途径是有很多的,关键还在我自己的努力吧。只要足够努力,出不出国都可以达成目标。

老师:说得对,梦想应该靠自己的努力去完成,而不是依赖别人。父母辛苦抚养你就已经尽了自己的义务了,你又怎么忍心再去逼迫他们为你的梦想牺牲呢?出不出国其实并不重要,真正重要的是,你是否能够不断奋斗,依靠自己的力量一步步走上人生巅峰。

简而言之,从沟通的角度来看,上堆能够让谈话的内容更加开阔和丰富;下切则能帮助我们在谈话时更细致、更具体地去看问题;而平行则能够帮助我们找到更多的选择和方法,在同等条件下探索出更多的可能性。而从逻辑的层次来看,上堆是让话题趋向于精神、信念以及价值观等方面的探讨;下切则主要涉及能力、行为和环境层次的探讨;而平行则是同一性质层面下其他可能性的探讨。

第五章

夸奖和批评——
你需要学会的技巧

夸奖和批评，是我们日常沟通中常用的表达方式。所谓凡事都有两面性：夸奖既能给人动力，也会带来压力；批评除了给人带来打击之外，往往也是一个人改进的动力所在。因此，在运用夸奖和批评的手段时，我们也要掌握技巧，让自己的夸奖和批评都能够最大限度地发挥作用，在沟通中给对方带来愉悦和享受。

赞美的话要说到点子上

可以说每个人心中都有一扇虚掩的"荣誉之门"，都渴望被"肯定之手"推开，这是渴望得到尊重和肯定的人性使然。但是在生活中，很难有人能够准确把握对方内心"荣誉之门"的钥匙。很多时候，自己费尽口舌赞美了半天，对方却无动于衷，甚至起到了反作用，这是相当令人沮丧的。

明太祖朱元璋登基后不久，有一天，他突发雅兴，想要在大殿的墙壁上绘制巨幅《天下江山图》来彰显自己的伟业和功劳。于是，他派人召来宫廷画师周玄素，将这个艰巨的任务交给了他。

这个周玄素是个聪明人，他首先想到的是：这偌大的江山，仅凭一幅画怎么表现得了呢？假如自己画出来的作品稍有不合皇上心意之处，恐怕肩膀上这颗脑袋就得搬家了。于是，他立马跪下谢罪说："微臣才疏学浅，又未曾走遍天下九州，实不敢动笔。臣斗胆恳请陛下启动御笔，勾勒本图规模，画成之后，臣加以润色便可。"

朱元璋一听，这江山都是自己一个城池一个城池打下来的，要论走遍天下，还真得靠自己。于是他当即便提起御笔，"唰唰"几下，按照自己脑子里的图景，在墙上画出了一幅《天下江山图》的大致轮廓。随后，他便对周玄素说："画完了，你来润色吧！"

要知道，戎马出身的朱元璋哪有什么美术功底，这幅草图在周玄素这种专业人士看来，自然是有些"不堪入目"了。但周玄素看了看草图，眨了眨眼睛，"扑通"一声又跪下了："陛下江山已定，岂可再有改动？"

这一语双关的话，让朱元璋听了大为开心。他重赏了周玄素一番，画画的事也就此作罢了。

很显然，周玄素的话里是有玄机的。其表面的意思是陛下画中的江山已确定，自己不能再有改动；而更深一层的意思是陛下的政权已经非常牢固，是谁都无法动摇的了。朱元璋是绝顶聪明的人，自然明白话里的意思。这样一来，周玄素既摆脱了作画的困扰，又巧妙地夸赞了朱元璋，不但没有被怪罪，还受到了重赏，可以说是一箭双雕。

周玄素之所以说朱元璋的江山已定，自己不敢再改动，是因为他知道做皇帝的最在乎的就是自己的江山稳不稳。稳固的江山是国家的基石，周玄素知道这一点，所以他巧妙地借朱元璋的画暗示了大明的江山稳固。而且这话里的深层含义迎合了朱元璋的心理，把他说得心花怒放，简直是说到了他的心坎里去了。

所以说，赞美不在于多而在于精，把赞美的话说到点子上，这样一句话就能发挥很大的效力。相反，如果赞美的话说不到点子上，没有说到被赞美人的心里，那说得再多也没有任何用处，甚至会适得其反。

著名作家毕淑敏讲过这样一个故事：

一位女士出国做学术访问，周末的时候受邀去了当地一位教授家做客。

教授有个5岁的女儿，满头金发，长得十分漂亮。女士一见到小姑娘就特别喜欢，蹲下身子和她说话，并送了她一件从中国带来的礼物。小姑娘非常开心，礼貌地向女士道谢，女士情不自禁地摸了摸小姑娘的头，并赞叹道："你长得真是漂亮极了，大家一定都非常喜欢你吧！"

等小姑娘离开之后，那位教授突然严肃地对女士说："你刚才伤害了我的女儿，我希望你能向她道歉。"

听到这话，女士感到非常莫名其妙，她不仅给小姑娘送了礼物，还真诚地赞美了她，怎么就成了伤害？

见女士似乎不明白，教授解释道："你刚才夸奖我女儿漂亮，还说大家会因此而喜欢她，这是非常不对的。漂亮并非一种优势，可你的夸赞和恭维会让她以为，漂亮是她的优势，甚至可能会让她开始瞧不起那些长得不漂亮的孩子。而且，你在没有得到她允许的情况下擅自摸了她的头，这会让她以为，每一个陌生人都可以不经过同意就擅自触碰她，这是一种不良引导。"

教授一条条的分析让女士深感震惊，她可从没想过，一句赞美可以引出这么多的问题来。教授顿了顿又接着说道："其实，你可以夸奖她的微笑和礼貌，这确实是她自己通过努力得来的。"

对这位女士来说，摸摸孩子的头，夸奖她长得漂亮可爱，或许只是一种简单的交际手段，或者说是一种约定俗成的礼貌；但对于教授来说则不然，他更关注的是夸奖和赞美背后可能对孩子成长所造成的影响。因此，比起礼貌性地赞美外表而言，教授更希望得到的是别人对自己女儿发自内心的肯定和夸奖。

　　可见，同样是赞美的话，如果说不到对方的心里，就相当于射出去的箭脱了靶，没有任何意义。我们平时在夸奖和赞美对方的时候，一定要做到有的放矢。如果不讲究策略和方向，只是毫无目的、毫无重点地赞美一通，恐怕根本换不来对方的一个笑容，更不用说拉近彼此的距离。

赞美如煲汤，火候是关键

赞美的话人人都爱听，但溜须拍马却很难让人产生好感，这是人之常情。会说话的人懂得过犹不及，更懂得赞美的话要适可而止，让对方由衷地感到愉悦，这是种本事。而那些不会说话的人，即便嘴里说着好话，也总能让人听出几分谄媚和虚伪，反倒让自己落了下乘。

须知，说好话、表扬人也是需要技巧的，就好像煲汤一样，哪怕材料放得都一样，营养价值都没什么差别，但对火候的掌握却直接决定了汤的味道。火候掌握得当，赞美才能打动人心，让对方意识到你对他发自内心的欣赏和崇拜；若是不小心过了火，过了度，这赞美也就成了功利性的恭维和谄媚了，反而会让人觉得虚伪和讽刺，甚至引起别人的反感。可见，凡事都讲求一个适度，一旦超过了度，再好的汤也会让人难以下咽。

为了下半年的签单，业务员小王在朋友的介绍下去拜访了一位厂长。一开始两人勉强算是相谈融洽，但毕竟才刚接触，要想马上建立起深厚交情也不现实。为了让气氛变得热络一些，小王便打算恭维厂长几句，于是就对他说道："王厂长，虽然我们今天才刚认识，但从刚才短暂的交谈中，我就发现，您真的是一位很有智慧的人，要是有机会跟在您身边学习，哪怕不要钱我都肯干。"

本来这话也就是这么随口一说，只要对方听得高兴就行了。可没想到的是，小王话一说完，这王厂长马上拍着大腿笑道："是吗？可以啊，小王，我现在正缺一个助理呢，你回去立马辞职，明天就能来我这里上班。虽然你不要工资，但放心，包吃包住是绝对没问题的！"

听到这话，小王立马傻了，根本不知道要怎么接下去，只好尴尬地抓抓头，勉强笑了几声。原本就不甚热络的气氛更是降到了冰点。

小王对王厂长的赞美便如同那过了火候的汤，有些腻味，因此不免显出了几分虚伪。而作为一个在商场摸爬滚打多年的老油条，王厂长又怎么会听不出小王对他的恭维里究竟有几分真心呢？从王厂长丝毫不给面子的表现来看，很显然小王奉上的这碗"汤"不仅没能取悦他，反而引起了他的反感，所以才会以这样的方式让这场谈话走向落幕。

说话是件极其讲究技巧的事。懂说话的人，哪怕是坏话也能说得让人高兴；而不懂说话的人，即便是好话也可能说得让人不爱听。赞美也是需要技巧的，要想真正打动人心，你的赞美必须恰到好处、真诚得体，还得摸清对方的性格，该说的说，该委婉的委婉，这样才能真正把话说到对方心里，让对方感到由衷的高兴。

孔夫子说："巧言令色，鲜矣仁。"说的就是那些赞美别人时用力过猛的人，他们不仅不会让人感到愉悦，反倒会惹人讨厌。所以说，这赞美就好像煲汤，一定得把握好火候，火候不够难以打动人心，火候太过则又显得虚伪。再者，我们煲汤是为了让他人喝得愉悦，因此，在煲汤之前，就得先把对方的性格与喜好摸透，知道什么样的汤才能符合对方的口味，这样奉上的汤才能真正产生效果。

恰到好处，适可而止，这样的赞美才能真正打动人心。

通过第三方转达赞美

我们知道，信息在传播过程中往往会被传播者加工，从而发生变化。比如许多不好的言论，都会在传播的过程中被添油加醋。同样的道理，其实赞美在传播的过程中也有着同样的放大效应。比如对方是经由他人间接听到你的称赞的，那会比你直接告诉他本人更多了一份惊喜，反而会有种锦上添花的感觉。

比如说："怪不得马丽说您最近身材越来越好，也越来越漂亮了，今天一见，果然是这样。"这比说"您真是越来越漂亮了，身材也越来越好"更有说服力，而且还可以避免轻浮、恭维奉承之嫌。这样说出来的话，比自己直接赞美效果更好，而且还可让第三方受益。

《红楼梦》中就有这么一段描写。史湘云、薛宝钗劝贾宝玉攻读四书五经，贾宝玉大为反感，对着史湘云和薛宝钗说："林姑娘从来没有说过这些混账话！要是她说这些混账话，我早和她生分了。"凑巧这时黛玉正来到窗外，无意中听见贾宝玉说自己的好话，"不觉又惊又喜，又悲又叹"。后来宝黛两人互诉衷肠，感情大增。

　　在林黛玉看来，宝玉在湘云、宝钗、自己三人中只赞美自己，而且不知道自己会听到，这种好话不但是难得的，还是无意的，让人感觉非常真诚。倘若宝玉当着黛玉的面说这番话，好猜疑、爱使小性子的林黛玉可能就认为宝玉是在打趣她或想讨好她。

　　人往往喜欢听好听的话，即使明知对方讲的是奉承话，心里还是免不了会沾沾自喜，这是人的本性。一个人受到别人的赞美时，绝不会感到厌恶，除非对方说得太离谱。赞美的奥妙和魅力是无穷的，然而，最有效的赞美还是在背后赞美他人。而且这样的间接赞美不"涉嫌"阿谀奉承，有时还能化解两个人之间的恩怨。因此，当我们想赞扬一个人时，就不妨间接地多说说他的好话，这样也许能获得不同寻常的效果。

　　相信我们在生活中都会有类似的体会：如果我们当面说人家的好话，对方可能会以为我们是在奉承他、讨好他。而当我们的好话是在背后说时，被赞美者就会认为我们是出于真诚才说的，这样人家才会领情，并感激我们。可见，有时候背后夸人方能显真诚。背后说别人的好话，远比当面恭维别人说好话，效果要明显得多。

　　比如，假如我们当着上司和同事的面说上司的好话，同事们就会觉得我们是在讨好上司，拍上司的马屁，从而容易招致周围同事的轻蔑。另外，这种正面的歌功颂德所产生的效果是很小的，甚至还会起到反效果。同时，上司脸上可能也挂不住，会觉得我们说的话很虚伪。与其如此，倒不如在上司不在场时，大力地"吹捧一番"，而我们说的这些赞美之词，迟早有一天会传到上司的耳中。

　　这个技巧其实也经常被领导们用于表扬下属。有时候，可能你自己不善于直接去表扬一个员工，这时你可以这样对他说："上次我们和某部门合作得不错，成功地完成了那项任务，那边的部门负责人对你的工作很认可，说你工作能力很突出。"

　　相对于直接的表扬而言，这样的表扬更能够说到员工心里去。作为员工，其实更愿意听到间接的表扬，因为直接的表扬可能存在客气的因素，而间接表扬更显得真实可信。所以，在日常生活中，无论是哪种场合，我们不仅要学会赞美对方，还要学会借助别人的力量去赞美对方。有些时候可能是同样的话，但表达产生的效果却是截然不同的。这一招，你学会了吗？

公开表扬要讲究方法

美国著名心理学家威廉·詹姆斯说过："人性最高层的需求就是渴望得到别人的欣赏。"被表扬是每一个人内心深处的渴求。学会表扬别人能使对方感受到生活的动力和自身的价值。在生活中，懂得表扬别人，会使我们拥有更多的朋友；学会表扬别人，有助于我们建立更加广阔和牢固的人际关系，对于人生境界的拓展也有着非常大的帮助。

但是如何去表扬别人其实是一门艺术，尤其是公开场合下的表扬，如果运用得当，能够大大提升效果；相反，如果运用得不够得当，不但起不到活跃气氛的作用，反而会起到反作用。

张亮在公司的管理岗位任职多年，他所在的公司是由国有企业改制而来的，因此在他的下属中，既有年长的"60后"，也有年轻的"90后"，员工的年龄跨度接近三十年。

在日常的管理工作中，张亮比较注重在例会中用公开表扬来激励下属的士气，于是大会、小会总不忘公开表扬表现突出的员工。可是时间久了，张亮发现，公开表扬的气氛渐渐变得有些尴尬，比如在表扬完某个员工之后，该员工脸上并没有出现他期待的笑容，甚至连兴奋和开心的表情都没有，反而显得心事重重。而那些没有得到表扬的员工则表情微妙、眼神空洞，仿佛表扬别人这件事完全跟自己没有关系。

这是怎么了？难道是人心散了，队伍不好带了？张亮很是困惑。

直到有一次，一个相当有资历的老员工找到张亮："小张，我和你说个事情，这事我酝酿很久了。"

张亮一听这称呼，就明白这位老员工是在强调自己的资历了。果然，老员工说了自己对于听到公开表扬另一位员工的感受。他说自己是如何辅导了那名员工，帮助那名员工解决了多少困难，而张亮这样表扬会让有贡献的人心里不舒服，会让受表扬者骄傲不感恩，等等。张亮耐着性子听完之后，费了好一番口舌才安慰好这位老员工。看着这位老员工心满意足地离开的背影，张亮怎么也没想到，公开表扬这件事会闹出这样的插曲来。但之后他冷静下来想了想，似乎老员工说的也有道理，团队中各种能力和水平的员工都有，平时的工作中难免有互相看不顺眼的地方，这样一来，公开表扬反而成了一种负担和压力，根本起不到激励的作用。

在后来的观察中，张亮发现，表扬团队、项目组的效果会比较好。大家在彼此配合中，谁也不愿意拖团队的后腿，而越是合作默契的团队，绩效也越高。在公开表扬的时候，以团队为单位，可以让整个团队共享荣誉，而不用考虑谁贡献多谁贡献少的问题。这一发现给张亮带来了很大的启发。从那之后，除了季度和年终会公布前三名先进员工，其他的表扬一律以团队为单位。这样一来，他发现整个公司的气氛都变得融洽了。

　　总而言之，公开场合下的表扬和赞美，一定要讲究策略和艺术，既要让应该受到表扬的个人得到表扬，也要顾及那些没有得到表扬的员工的心态。如果因为表扬一个人而得罪了一群人，那就背离了表扬的初衷。就如同张亮所感悟到的一样，在公开表扬的场合，不仅要充分考虑被表扬者本身的感受，更要考虑其他没有受到表扬的人的感受，要学会根据实际情况去调整表扬的话语和策略，从而起到最佳的激励作用。

批评的话尽量私下说

常言道："人要脸，树要皮。"生活中，人人都爱面子。因此，很多时候为了让自己赢得融洽的人际关系，我们在批评他人的时候，要尽量做到不在大庭广众之下，要私下与其进行交流。因为大庭广众之下的批评必然会给被批评者带来双重的心理压力，除了承担犯错的压力，还要承担接受批评时被大众围观的压力，有些时候被围观的压力甚至远远超过犯错本身所带来的压力，这一点是我们必须意识到的。

不管是生活中与身边的朋友、家人交流，还是在工作中接触同事，由于各种各样的原因，大家总是难免会犯错误。面对这种局面，有的人会在大庭广众之下批评对方，让对方处于尴尬的境地；有的人则会留个情面，把批评这件事转化为双方私底下的交流。

二者相比，哪一种更好，我们的心里是不是很容易有答案呢？

美国第28任总统伍德罗·威尔逊有一个很形象的外号，叫作"一扇老橡木做的门"，这指的就是他听不进去任何批评的声音，只要有人提出批评意见，都毫不例外地被他挡在了门外。

　　但在当时，有一个人却是例外，他就是威尔逊总统的智囊爱德华·豪斯，人称"豪斯上校"。他在竞选期间就是威尔逊总统的顾问，可以说是资深智囊。在当时，只有他一个人可以在总统固执己见时提出批评意见并获得采纳。原因就在于，他在公开的场合从来不会当面批评总统的意见，也极少提出自己的意见和见解。每次他都是独自一人去总统办公室陈述自己的批评意见，随后总统就会采纳他的建议，并做出改变。

　　豪斯上校之所以有如此神奇的能力，就在于他发现威尔逊总统是一个很不喜欢当面被批评或者被否定的人。一旦出现这样的情况，威尔逊总统非但不会虚心听取意见，反而会情绪化地做出相反的决定。有一次，豪斯上校在总统休息时独自来到办公室，把之前遭到否定的一份提案对总统做了详细陈述，并且诚恳地表达了自己的批评意见。虽然当时的威尔逊总统并没有明确表态，但是一段时间以后，豪斯非常惊讶地发现，威尔逊总统把他那天提出的提案，作为自己的主张公之于众。

　　这件事让豪斯颇有感触，他想起来那天离开的时候总统对他说的一句话："在我愿意听废话的时候，我会再次请你光临。"他明白了向总统提意见的最好方法就是：避免他人在场，然后悄悄地把批评的意见"移植"到总统的心中，这样，他的意见就可以顺利地被总统接受了。

　　生活中，其实像威尔逊总统一样的人有很多，因此我们在批评他人的时候，一定要学会考虑对方的感受，尽量不要在大庭广众之下批评他人，以免引起不必要的难堪。如果总是公然批评他人，不留情面，结果只会使得局面更加难堪，甚至激怒对方，落得个鱼死网破、两败俱伤的结果。

　　更重要的是，私下批评和提意见，可以让对方感受到你的善意，毕竟照顾到了他的面子和感受。在这个前提下，对方可以更好地打开心扉，也更容易接受批评和意见，交流也会变得更加和谐、高效。

批评别人时别逃避自己的责任

中国人有一种说法：自己的孩子不能自己教，一定得找外面的先生来教。这种说法也并不是完全没有道理的。很多父母在生活中大概都有类似的体会，那就是比起自己的话，孩子往往更愿意听学校老师的话。更可怕的是，当孩子进入叛逆期之后，在孩子眼里，父母就变得跟仇人似的，不管你说什么，他都要顶你几句，你批评他一句，他恨不得回你十句。其实，从心理学的角度来说，孩子对父母的"抵制"也并非完全不可理解。每个人都有一个自我保护的防御机制，当孩子受到批评的时候，这种心理防御机制就启动了。这主要和孩子的年龄有关。年龄稍微大一点之后，孩子就开始有了自己的想法，你说他这里不好，他心里可能在嘀咕"那你那里也不对呀"，表面上是你一直在训孩子，实际上，孩子可能一个字都没听进去，反而在心里一直数落你的不是。

这看起来是件小事，可实际上，它映射出了大众的心理倾向——当你对别人评头论足的时候，其实对方也在心里打量着你。就说孩子为什么总是不服父母管教呢？这是因为父母在家的样子孩子清清楚楚。父母哪里做得好，哪里做得不好，孩子也心知肚明。于是，当父母板起脸教训孩子的时候，他嘴上虽然不说，心里却会琢磨"那你也不怎么好"。这样一来，孩子就会觉得，很多事情父母与自己其实是半斤八两的，既然如此，自己为什么要听他们的管教呢？

同样的道理不仅仅存在于父母与子女之间，朋友与朋友、长辈与晚辈、领导与下属之间，实际上也同样适用。尤其在职场上，领导与下属之间有着千丝万缕的联系，工作出现问题和失误，往往不仅仅是下属的问题，领导也有脱不开的责任。这种时候，如果领导不能先认清自己的责任，而是一味地指责下属，那么必然没办法让下属心服口服。

所以，在批评别人之前，我们首先应该做的，是明确自己的责任，反省自己的问题。只有先把自己的对错弄清楚了，我们才有资格去指责别人，批评别人。

战国时期，著名的军事家孙武一开始用自己的兵法求见吴王阖闾，吴王见他的兵法写得很好，便想测试一下孙武的用兵之道，让孙武用自己的宫女们实际操练一下。孙武答应了吴王，吴王便调来三百名宫女交给孙武操练。孙武将她们分为两队，并以吴王的两名宠妃作为两队的队长，然后让她们全体手拿武器，开始了操练。

一开始，宫女们觉得好像是在玩游戏，都嘻嘻哈哈地不听命令。孙武讲了半天，也没人听他的。这时候，孙武作为领导是怎么做的呢？他并没有批评和责罚宫女，而是转身跪下向吴王请罪说："约束不明，申令不熟，将之罪也。"就是说："大家这样嘻嘻哈哈，想必是我作为领导没有把规矩说清楚，这是我作为将官的错。"

这里就体现出孙武的领导水平了，责人先责己，先堵上别人的嘴，为自己接下来的批评做好铺垫。之后，孙武又仔细给宫女们讲了一遍规则。

然而重申规则后，再进行操练时，宫女们还是嘻嘻哈哈的。孙武此时就讲了第二句话："既已明而不如法者，吏士之罪也。"这句话翻译成白话就是："我刚才已经跟你们讲清楚了，现在还不听话，那就是你们的问题了，我责罚你们，你们就没什么好说的了。"

于是，孙武责令把两个带头不听话的队长拖出去斩首，吴王亲自来求情也没用。之后，宫女们再也不嘻嘻哈哈了，孙武的演练十分成功。

很显然，孙武的处罚虽然重，但是因为做到了"责人先责己"，让所有的人都无话可说，不但服众，而且也保证了自己指挥的效果，可谓一举两得。生活中的我们，其实可以从这件事上借鉴很多东西。

"责人先责己"的原则，在管理工作中同样也适用。当下属犯了错误，理应接受批评和责罚时，作为上司，不能只想着批评下属，因为下属的过错也有上司的责任。这时候，上司要先检讨自己的问题，表明自己的态度并非逃避责任，而是勇于承担的。在这样的前提下，再去批评下属，会让批评的意见更容易被下属接受，也能达到更好的效果。

批评时点到为止，不伤和气

被批评这件事是每个人都不想遭遇的，因为这既会让自己感觉难堪，也会让自己因为被否定而郁闷不已。有些时候，即便知道批评是正确的，被批评者心中也会留下伤痕，而且很难根除。因此，在日常生活中，当我们需要批评他人的时候，必须讲究方法。因为一旦批评这种手段运用不得当，就会带来很多不好的后果，甚至会损害我们好不容易建立起来的人际关系。

批评不一定非要吹胡子瞪眼地大吼大叫，它可以是娓娓道来的，也可以是默默无声的，总之它应该是善意的，在潜移默化间为他人指引正确的方向。多数人在犯错误之后，自己心里其实是很清楚的，甚至可能已经做好了接受批评的准备。但即便是有所准备，始终还是会在心里设定一个底线，一旦批评的程度超过了这个底线，被批评者就可能会产生逆反心理，觉得自己的尊严受到了伤害，反而不再承认自己有错误，这样的批评显然是得不偿失的。

因此，在批评别人的时候，我们一定要注意点到为止，别让过激的言语伤了彼此的和气。毕竟我们批评对方，目的是希望对方能够接受我们的意见，从而对自己的行为做出修正，而不是与对方结下仇恨。

为了避免对方因受批评而激起一时之气，在批评对方之前，我们不妨先找到对方的闪光点，发自内心地进行赞美，这样一来，接下来的批评之语就会变成"阳光雨露"，批评的效果也会大大提高。这种"点到为止"的批评手法，有时候有着意想不到的作用，比大吼大叫的批评方式要强上一万倍。

销售部主管发现卖场内有位销售员总是很懒散，便将这位销售员叫进了办公室。

主管说："你的工作成绩很不错，我很喜欢你。你知道自己有哪些优点吗？"

销售员原本以为是要挨批评，没想到主管会问这个问题，顿时支支吾吾，抓耳挠腮半天也没说上来一条。

主管说："在我看来，你至少有四大优点。一、学习能力强，任何时间、任何一件事，你都能吸收到对自己有用的东西；二、头脑灵活，反应很快，善于察言观色；三、非常细心，能发现别人难以发现的细节；四、性格开朗，乐观坚强。"

销售员闻言，惊讶不已，他都没想到自己有这么多的优点。就在他沾沾自喜之时，主管话锋一转，说："但是，我也发现你有一个缺点——不够勤奋，每天打电话的数量与拜访客户的次数都比其他人少。我觉得你应该更勤奋一些，不是为了公司，而是为了你自己，你完全可以更出色的。你觉得我说的对吗？"

销售员的眼睛里闪烁着光芒，点头承认自己确实不够勤奋，当即表示今后要改正这个缺点。

在与他人沟通交流时，与人为善是首要的。虽然难免会有批评他人的时候，也一定不能伤害到对方，批评要点到为止。作为领导更要注意这一点，不要让心中一时燃起的怒火"烧坏"了下属的面子。

比如故事中的这位主管就非常值得我们学习：在批评对方之前，可以先肯定对方的表现，对好的地方进行表扬，让对方心里舒畅，然后再对做得不好的地方提出批评建议，这样一来，对方势必会更加容易接受你的批评和建议。

如果说话是一门学问、一门艺术的话，那么批评就是学问之上的学问、艺术之中的艺术。大家在生活中都有这样的体会，即有的人会说话，即使是批评也会让人听着受用；有的人不会说话，即便是表扬别人，别人也会听着难受甚至反感。尤其是批评他人时，由于往往涉及他人的缺点或不足之处，因此，批评的方式恰当与否就显得格外重要。古往今来，很多人之所以能构建良好的人际关系，进而成就一番事业，受到人们的尊敬，就在于他们掌握了说话的技巧，尤其是在批评他人时巧妙恰当，既达到了目的，又使人易于接受。

总而言之，批评他人必须掌握技巧，做人更不要直来直去，圆通一点才是正道。在人前批评一个人如果能顾及对方的面子，别人必然会记在心里，会打心底里感激你、敬佩你。因此，何必非要大声责骂呢？点到但不点破，给对方留足面子不是更好吗？

意味深长的暗示是最好的批评

　　每个人都有自尊心，不管出于什么缘由，过于直白的批评都会给对方的自尊造成一定伤害。所以，我们常常说，称赞应该在大庭广众之下，而批评最好能在私底下。如果能够用意味深长的暗示来让对方认识到自己的错误，那无疑称得上是最好的批评。这样既能保全对方的脸面，又能纠正对方的错误。

　　苏格拉底是古希腊著名的思想家、哲学家和教育家。一天，苏格拉底和弟子们聚在一起聊天。一位家境相当富裕的学生趾高气扬地向所有的同学炫耀：他家在雅典附近拥有一片一望无边的肥沃土地。

　　当他口若悬河地大肆吹嘘的时候，一直在其身旁不动声色的苏格拉底拿出了一张世界地图，然后说：“麻烦这位同学指给我看看，亚细亚（亚洲）在哪里？”

　　“这一大片全是。”学生指着地图得意地回答。

　　“很好！那么，希腊在哪里？”苏格拉底又问。

　　学生好不容易在地图上将希腊找出来，但和亚细亚相比，它的确是太小了。

"雅典又在哪儿呢？"苏格拉底又问。

"雅典，这就更小了，好像是在这儿。"学生挠挠头，指着地图上的一个小点说。

最后，苏格拉底盯着他说："现在，请你再指给我看看，你家那块一望无边的肥沃土地在哪里？"

这位学生汗都下来了，他心里自然清楚，他家那块一望无边的肥沃土地在地图上连个影子也找不到。这时候他已然明白，老师苏格拉底这一番询问其实是在批评他，他无比愧疚地说道："对不起，我找不到，我知道自己错在哪里了。"

苏格拉底其实连一句批评的话都没有说，而这位学生却通过他的提问和暗示，明白了他批评自己的意思，并且做到了发自内心的愧疚和反思。这种不着痕迹的暗示，可以说是非常高明的批评方式了，而且因为能够激发当事人的反思，所以有着格外好的批评效果。

曾经有一位家长讲过这样一件事，说他的孩子小勇原本学习态度很不好，成绩也很差，经常应付作业，考试抄袭，而且还不听老师的话，经常被批评和叫家长，让他十分头疼。但是到了初中二年级之后，孩子的学习情况突然有了天翻地覆的变化，成绩也飞速进步。后来，经过了解，这位家长得知这一切都是因为孩子遇到了一位神奇的班主任，他竟然将孩子教得服服帖帖的，不仅学习积极了，连对待老师和同学的态度都大大好转了。那么，这位班主任是怎么做的呢？

刚开学的一天，小勇就因为要同学帮自己写作业遭拒后动手打人被老师叫到了办公室。班主任看着他一副大大咧咧的样子，似乎并不觉得自己不写作业和打人有什么错，而且从上学期老师们的口中得知：这个小勇是出了名的刺儿头，所有的老师一提到他就头疼不已。

既然小勇一副无所谓的样子，那么就换个方式来治他吧！班主任一边这样想着，一边招呼道："小勇，你来帮我查两个字，老师这会儿忙，顾不上。"

小勇很意外，他是准备好被骂个狗血喷头的，没想到这个班主任竟然不按常理出牌。于是他拿过字典，很快就把那两个字查出并写了下来。班主任很满意，然后又跟小勇聊起了他的父母。见到这个新班主任竟然如此平易近人，小勇也就放下了戒心和抗拒的心理，开始跟班主任聊了起来。过了一会儿，班主任说："来，你把刚才那两个字默写一下。"

不出所料，小勇写得又快又对。"你看，'眼过千遍，不如手过一遍'，老师们之所以布置作业，就是为了让你们在写的过程中把知识记得更牢，你说是吗？"

小勇低下了头，很快又抬了起来并对老师说："老师，我知道错了，以后我再也不让别人帮我写作业了。"

从那之后，小勇的学习态度有了很大的改观。他觉得，这个新班主任虽然没有像之前的老师那样严厉批评自己，但是对方说的每一句话都是那么有道理，能说到自己心里去。

可见，很多时候不留痕迹的批评更能震撼心灵。苏格拉底也罢，小勇的新班主任也罢，都是批评的高手。他们懂得用这种暗示和引导对方自我反思的方式去批评，润物细无声，于无声处听惊雷，既不会引起被批评者的逆反心理，又拉近了双方心灵的距离，堪称批评的最高境界。

轻重有度，批评要会用巧劲

　　无论是在日常生活里，还是在企业管理中，我们都会对别人提出批评，其主要目的是希望能够通过批评来帮助对方取得进步。也就是说，不管我们用什么方式去批评这个人，最终都是希望对方能听取我们的意见，接受我们的指正。如果批评过重，不仅无法起到帮助对方的作用，反而会让对方因受到打击而自暴自弃，失去信心，那么批评也就失去它本来的意义了。所以我们才常常说，批评一定要轻重有度，懂得用巧劲，而不仅仅是去指责对方。

　　批评其实是一种与人相处的技巧。如何巧妙地去批评，并且达到正面的作用，是每一个人都应该去思考和学习的。有时候，一次巧妙的批评比十次奖励带来的激励效果都好。因为当一个人遭遇挫折和失败的时候，他最需要的不是简单的惩罚和批评，而是善意的提醒和激励，而聪明的管理者往往都善于把握这个机会。

　　王赫是一家制造公司的销售经理，因为业务能力优秀，手里积累了大量客户资源。有一次，一个合作了很久的客户的企业陷入经营困境，账期拖了很久，王赫很是头疼。后来，他打探到消息，得知这位客户的企业经营状况进一步恶化，已经到了无以为继的地步。他非常担心之前的账款打了水漂，于是与几个同事商议之后，决定赶在这个企业宣布倒闭之前，通过他们之前一直合作的一位库管，扣下了这家企业一批价值不菲的货物，希望能够为自己的公司减少损失。

可是让王赫万万没想到的是，这家企业早在经营情况恶化之前，就已经把包括厂房、货物在内的所有物资抵押给银行了。王赫私自扣留货物的行为，不但没有为公司挽回损失，而且还惹上了官司，导致公司需要承担因此事而引起的官司诉讼费用。

王赫知道，老板是一个严厉的人，甚至有时候可以用"严苛"来形容。当年自己招标时因为爆胎迟到了十分钟，事后被老板狂骂了半个小时。而且平时老板对他的要求也是十分严格，批评起来毫不留情面。这一次，他觉得既没有要回货款，又让公司吃了官司，损失这么大，老板肯定会让自己卷铺盖走人，于是他主动写好了辞职信，交给了老板。然而出乎他意料的是，老板听他报告完毕之后，连眼睛都没眨一下，对他说："好了，这件事就到此为止，损失也已经无法挽回了，现在去做些能让公司赚钱的事。"

本以为就算不会被开除也会被老板狠批一顿的王赫惊呆了，老板轻描淡写的一句批评反而让他感受到了沉甸甸的信任，他暗暗下定决心，一定要对得起老板的信任。接下来的六个月里，他付出了前所未有的巨大努力。在他的努力之下，公司在当年创下了历年来最高的营业额和利润。

很显然，王赫的老板是一个高明的领导。他的策略明确而简单，那就是批评这件事本身毫无益处，与其把焦点放在如何去批评上，不如把注意力放在建立信心和未来的发展上。看似轻描淡写的一句批评，可能比他破口大骂半天所起的作用更大，这才是批评的最高境界——招无定式，轻重由心。

生活中，有很多像王赫老板这样的智者，他们非常清楚批评这件事本身意味着什么，也能够最大限度地利用批评这种手段达成自己的目的。想必我们很多人对此也深有体会：批评人的时候，轻重是最不好拿捏的一件事情。特别是作为管理者，有些时候，你已经觉得忍无可忍、无须再忍了，可对方却根本不知道你为什么会发这么大脾气；而另一些时候，你觉得事态已经很严重了，无须说太多，而结果呢，对方可能还真就不当回事了。

那么，批评的时候，轻重该如何去把握呢？什么时候该轻什么时候该重呢？我们不妨向王赫的这位老板学习：事情越轻，批评越重；事情越重，批评越轻。

这其实并不是什么高深莫测的东西，我们在日常生活中经常会遇到这样的说话技巧。举个例子，我们体检的时候，很多人都会查出"三高"（高血压、高血脂、高血糖）或者脂肪肝一类的状况。这时候，医生往往会非常严肃地跟你讲"要注意啊""这样下去不行啊""会引发很多病症"等；可是另一种大家都知道的情况是，假如真的查出绝症了，医生反而会用"没事""不要有心理负担""这个病现在治疗方法已经很成熟了""我们有很多专家，都很有经验"这种轻松的话来安慰患者。

　　为什么会这样？因为事情轻微的时候你不在意，所以话要说重，从而督促你重视；而事情严重的时候，可能你自己已经意识到严重性了，所以话反而要说轻，以免产生不好的后果。

　　比如王赫之前招标迟到的时候，问题本身并没有非常严重，但是老板批评了他半个小时，这其实是要让王赫在小细节里面看到大问题，从而让他警醒。而后来王赫因为擅作主张导致公司损失又吃官司的时候，老板反而用轻描淡写的一句"到此为止……现在去做些能让公司赚钱的事"就给一笔带过了，因为王赫心里已经很害怕了，你骂得再重也没什么用了。这个时候，反倒是轻描淡写的一句，更能够起到激励的作用。因为在这个时候表达信任，会让人无地自容。而王赫也正是因为这个刺激，才有了后来的奋发图强。

第六章

高情商沟通术——
理解了对方的情绪，沟通就成功了一半

　　人是感情动物，感情是驱动人类做出选择的根本要素之一。如果你能够理解对方的情绪，那么你就能明白对方为什么要做出这种决定，为什么要说出这种话了。理解了对方说话、做事的根本原因，那么沟通就已经成功了一半。

你的"直"，可能是缺心眼

"你最近是不是吃得有点儿多？你看，你的胳膊都有我大腿粗了。"

"你的脑袋里全都是糨糊吗？这么简单的问题都想不出来！"

……

当听到这类话语时，你是否会感到十分生气？或许，这些话是实话实说，但这种不顾及他人感受的说话方式确实令人厌恶。他们心直口快，说起话来直来直往。

仔细观察不难发现，不管是谁，大家都不怎么乐意与这样说话的人交往，即使是被贴了标签的"好好先生"，他们也会用最快的速度结束交流。换位思考一番，当一个人总是对你说令人厌烦、令人愤怒的话，你是否还会愿意与这样的人沟通呢？答案显然是否定的。

现在请自我反思一下：你的口头禅是不是"我说话直，你别介意"？你说话时是不是爱以自我为中心？你说话时是不是不经思考开口就说？你说话时是不是只顾着将自己的想法说出来，却从不理会别人愿不愿意去听？

通常来说，说话"直"的人会认为用这样的方式和别人沟通并没有什么不好，反而自以为豪地认为这是一种真诚直率的表现，认为那些说话爱仔细斟酌、拐弯抹角的人很虚伪。事实上，说话"直"对不爱较真的人来说，确实是一种真实，但对爱较真的人来说，却是缺心眼的表现。此外，说话"直"是情商低的直接表现之一，而与低情商的人沟通往往会感到疲惫，感到无法交流。这也就意味着，人们更乐意与情商高、说话爱斟酌、懂得理解他人情绪的人来往。

今天是秦欣入职新公司的第一天，公司的同事为了欢迎秦欣的加入，决定下班后去聚餐。同事李贝是个"吃货"，她对秦欣提议说："听说公司附近新开了一家西餐厅，里面的牛排特别正宗，不如我们去这家西餐厅聚餐吧？"

"那有什么好吃的。"秦欣不以为然，"在中国吃不到正宗牛排的，想吃牛排，有机会还是去国外吃吧！"

李贝也没放心上，继续提议："那我们吃炸鸡好了，最近那部韩剧你看了没？据说一边吃炸鸡，一边喝啤酒，超有感觉！"

秦欣不认同地说："吃炸鸡喝啤酒有什么意思？吃小龙虾喝啤酒才带劲呢！"

李贝心里有些不舒服，撇了撇嘴想说什么，但想了一下又没开口。

同事小张是个和事佬，看气氛不对，就笑着问秦欣："今天你是主角，你决定吃什么就吃什么。"

秦欣想了想，说："我们去吃火锅好了！人多吃火锅有气氛。不过，咱们吃的时候要用公筷，不然就不是吃火锅，而是吃口水了。"

这话让同事们一个个蹙起眉头。

聚餐的时候，秦欣见同事小杜特别能吃，不禁打趣说："你都这么胖了，怎么还吃那么多？再胖下去，你就找不到女朋友了！"

小杜是比较胖，胃口也很好，眼下听人这么说，不免尴尬地笑了笑。

秦欣见小杜没理她，又对小王说："我们这里最该多吃的就是你，你看你瘦得就跟骷髅似的，要是小杜能匀些肉给你就好了。"

小王和小杜皆是一脸尴尬。

……

聚餐结束后，秦欣又邀请大家去KTV唱歌，不过大家的兴致都不高，全都找借口回家了。此后的一个多月，同事们渐渐了解了秦欣的为人，但凡与她说过话的人，都被她的"直"伤害过。渐渐地，大家都不怎么愿意与秦欣聊天了，除非谈公事。如今，整个公司只有老好人小赵愿意与秦欣交往。

有一天，小赵在工作中出现了一点错误，受到了领导的批评。因为小赵人缘好，同事们都来安慰她。就在小赵慢慢走出阴霾时，秦欣开口对她说："不是我说话直接，而是你太活该了，那么简单的工作居然会出现错误！你说，领导不骂你骂谁！"

以往，小赵也被秦欣说的话气到过，可都选择原谅了她。但今天她本就心情不好，不禁气不打一处来，愤怒地说："你这不是说话直，而是你说话从不考虑别人的感受和想法。说难听点，你这是自私，是情商低！你看看公司的同事，有谁没有被你所谓的'直'伤害过？也就是我脾气好，才愿意与你交往。"

毫无疑问，秦欣断送了她在公司里的最后一份友谊。没过多久，她因受不了同事们的冷漠而主动离职了。

秦欣有着说话"直"的典型表现，她自诩直爽，从不理会他人的情绪，说话时也从不思考，想到什么就说什么，即使察觉到别人的尴尬，也不懂得适可而止。正是因为她的"直"，才令大家远离她，令她无法与同事好好相处，最终不得不离职。

其实，性格直的人与秦欣一样，当说出"我说话直，你别介意"的话语时，就已经意识到自己说的话可能会引起别人的不愉快了。既然已经有了先见之明，为什么还要选择继续说呢？与人沟通、交流并不是简单的说话，它是一门很有技巧性的学问。懂得说话的人，说话前会三思；不懂得说话的人，说话时才会横冲直撞，从不去思考。

每个人都有自尊，每个人都需要面子。自尊与面子就是一个人的雷区，倘若踩中一个人的雷区，无疑会令对方丢脸，继而影响人际关系，只有小心避开雷区，沟通才会顺畅愉悦。所以，如果你是个直性子的人，不要再将此标榜为自己的优点，也不要将说话"直"当作伤害他人的借口。说话前，要动动脑子，这样才能交到朋友。

说话留三分，话绝无相见

生活中，你是否会遇到这样的人：当别人做错事或说错话时，他会不分青红皂白当面指出，咄咄逼人地要求对方承认错误；当与别人发生争执时，他会十分较真，直到让对方闭口不言才罢休；当与别人辩论一个话题时，不论自己的观点是否正确，都非得让他人承认这个观点是正确的……

这样的人说话往往很犀利，不留余地，直到自己说赢才肯罢休。在说话时，他们从不顾及他人的尊严与感受，不懂得说话留三分的道理。用这样的方式与人交流，无疑会惹来他人的反感，甚至还会遭到记恨。再仔细观察一番，你会发现，人们都很抗拒与言语中带刺的人沟通。

你与人沟通时有这样的陋习吗？如果有，那么千万不要忽视，因为长期用这样的方式与人沟通，会养成专爱挑剔他人错误的坏习惯，会产生一种反驳他人能获得自我满足感的错觉。渐渐地，你会发现，你身边的朋友一个个都离你而去，甚至他人也用激烈的言语与你交谈。

一个懂得沟通的人，他会主动地理解别人的感受，会懂得尊重别人、体谅别人，说话时会仔细斟酌，做到话留三分，因为他们明白，这样做也会得到他人的尊重与体谅。所谓"人情留一线，日后好相见"，说的就是这个道理。你给别人留有余地，其实就是在给自己留退路。

刘俊是一个很有真才实学的人，但是他有一个不好的地方，就是与人说话不留余地，爱较真，所以他的朋友不多。而愿意与他做朋友的人，有的是看中了他的才学，有的是了解他的性格选择不去计较。

杨乐是刘俊最好的朋友，两人相识多年，而杨乐与刘俊相处时，大多充当着迁就、退让的一方。劳动节前夕，杨乐给刘俊打了一个电话，邀请他来参加自己的婚礼。刘俊当场答应了。

眨眼间，劳动节就到了。刘俊准时抵达了举办婚礼的酒店，为了能更近地观礼，他特地找了一个离舞台最近的位置坐下。

婚礼主持是一位年轻帅气的小伙子，他的普通话十分标准。他先是说了一段活跃气氛的开场白，等新娘走上舞台时，又煽情地说："在座的亲朋好友应该都知道，我们的新郎和新娘是一对青梅竹马。'青梅竹马'这个成语起源于宋朝，据说宋代有一个女词人，她与自己的丈夫从小一起长大……"

主持人的声线很好，故事说得十分动听，宾客们也听得津津有味。可是，在主持人说到一半时，刘俊忽然站了起来，大声说道："主持人，'青梅竹马'这个成语可不是出自宋朝，它出自唐朝诗人李白之手。一看你就没查资料，这样会误人子弟的！"

这么直接的指责令主持人的脸色涨红，见全场宾客忽然安静下来面面相觑，他干笑着发问："这位先生，您为什么会认为这个成语是出自李白之手呢？"

"你会背李白的《长干行》吗？"刘俊骄傲地问。

主持人尴尬地摇了摇头。

"哎，肚子里没三两墨水也敢当主持人，我真是佩服，佩服！"刘俊做了一个佩服的手势后，继续说，"让我告诉你吧，《长干行》中有这样的诗句：妾发初覆额，折花门前剧。郎骑竹马来，绕床弄青梅。"

主持人面色僵硬不堪，新郎新娘也气得不行，而在场的宾客并没有朝刘俊投去敬佩的目光，而是用奇怪的眼神看着他。

因为刘俊这突然的一席话，主持人的水平直线下降，频频出现口误。新郎和新娘全程黑着脸，这人生中最重要但却令人不愉快的时刻他们恐怕会记一辈子。

婚礼还没结束，宾客们便陆陆续续地离开了，每个人都兴味索然，没有参加完婚礼后的喜悦。刘俊觉得自己很有礼貌，他是直到婚礼结束之后才离席的。当他和新郎新娘打招呼时，新娘子一句话也没说，转身就走。

刘俊不禁生气地对新郎杨乐说："你妻子真没礼貌，见到我也不过来打个招呼！"

杨乐听后也生气地说道："就凭你在婚礼上闹的这一幕，是谁都不会对你有礼貌的！"见刘俊不明所以，他继续说道："主持人是我们请来帮忙的，而你却当着这么多人不留情面地指责他，让他下不了台，将我们的婚礼都搞砸了，你这种说话不会留三分的人真可怕！"说完，他头也不回地离开了。

不分地点、不分场合，以犀利的言辞一定要与人争个输赢，这是说话不留余地的典型表现。这样的举动无疑会断送自己的友谊。与说话不留三分，不懂得他人感受的人说话，无疑是一件疲惫的事，这也是刘俊朋友很少的直接原因。

很多时候，有些人说话不留余地，其初衷并不是为了为难谁，也不是为了让人下不了台，只是一颗争强好胜的心作祟罢了。但用这样的方式与人沟通，无疑会令一场谈话无疾而终，这是情商低的一种表现。那么，高情商的人是怎样与人沟通的呢？

在与人争辩时，高情商的人绝不会咄咄逼人地去说话，说话时会留有余地，会让他人保住面子；在发现他人错误时，他们不会直接指出，而是委婉地提醒他人"你错了"，巧妙地让他人主动承认错误；在批评他人时，他们从不会恶语相向，事后还会鼓励他人一番。

说话有分寸，做事有把握，这是一个人智慧的体现。因此，在与人沟通前，不妨先去思考，学会理解他人情绪，告诫自己不要将话说绝，那么沟通起来就会更轻松。

如果我是他的话，我会有什么样的心理

　　当你被人冤枉时，你是否会难受得彻夜难眠？当你遭人恶意批评时，你是否会愤怒得想与其大战一场？当你遭人指责时，你是否会尴尬到无地自容？当你与人发生争执时，你是否迫切地想要成为赢的一方？

　　换位思考一番，当别人被你冤枉时，他也会难过得彻夜难眠；当别人遭到你的恶意批评时，他也会愤怒地得想与你大战一场；当别人被你指责时，他也会尴尬到无地自容；当别人与你发生争执时，他也想成为赢的一方。

　　所以，与人沟通前，你得先站在他人的角度思考一番，然后再与其交流。

　　约翰·皮尔庞特·摩根是一位超级富豪。有位记者曾询问他成功的秘诀是什么，摩根简短地回答道："为他人着想，为对手着想。"这位记者也问过其他商人成功的秘诀，他们多数都是以自己的利益为出发点，或许会为合作伙伴着想，但绝不会为竞争对手着想。然而，正是摩根与众不同的思考方式，才会令他取得超凡成就，成为一名超级富豪。在与人沟通前，不妨学一学摩根，先换位思考一番，然后再去交谈，这会令你取得意想不到的收获。

什么是换位思考呢？其实就是一种站在他人的角度去思考问题的思维方式。简而言之，就是把自己想象成他人，然后体会对方的心理活动，体会对方的情绪，理解对方的立场和感受。当你对对方有一定的了解后，沟通时才会抓住他人的内心，沟通才会变得愉悦而顺畅。这样的行为看起来很简单，但真正执行起来却非常有难度。谁都懂换位思考的道理，但还是有那么多人会以自我为中心，把沟通弄得如战争一般。

有这么一个有趣的故事，说的是一位农民。

这位农民每天日出而作，日落而归，周而复始地在田间劳作。他觉得自己非常辛苦，尤其是炎热的夏季和寒冷的冬季，常常让他苦不堪言。

又到了一年中最热的时候。这一天，农民在田里埋头苦干。他又累又热，准备去树荫下喝点水再继续干活。不经意间，他看见不远处的寺庙外，有个和尚手里拿着芭蕉扇正悠闲地躺在树荫下的摇椅上，看上去好不惬意。农民羡慕极了，他也想过与和尚一样舒服的生活。

农民回家后，对妻子说想去寺庙当和尚。

妻子是个非常聪明的人，她没有立马反对，而是心平气和地说："出家当和尚是一件大事，去了就不能回来了。我平时在家织布、做饭、干家务，有很多农活都不会。你既然要离开，我明天开始和你一起去田间劳作，向你学习没有做过的农活。另外，早点将重要的农活做完，你就可以早点去庙里当和尚。"

于是，农民和妻子每日早上同出，晚上同归。在中午之前，妻子会回家一趟去做饭，然后再将做好的饭菜带去田间与丈夫一块吃。时间过得很快，没多久田间的农活就干完了。

妻子将农民的衣服洗洗补补，放在包裹里。她挑了一个吉利的日子送农民去了寺庙，并向寺里的和尚说明了来意。

和尚听后十分诧异，说："我注意你们夫妻二人很久了，你们每日早晚同出同归，你的妻子每日都会将做好的饭菜送至田间给你吃。你们遇到家事时有商有量，闲聊时也笑语不断。这样恩爱的生活令我羡慕不已，我都萌生了还俗的念头，而你居然还不满足，要来当和尚？"

和尚的话给了农民当头一棒，他细细回想一番，发现自己的生活过得确实比和尚有滋有味多了，当下表示不想出家了。

事实上，农民不知道的是，他的妻子曾去过寺庙一次，并向寺里的和尚表露出不想让丈夫出家的想法。

和尚与农民说话时极有技巧，他没有生硬地劝农民不要出家，因为他深知那样做会激起农民的叛逆心，而只有站在农民的角度去体会他的情绪与真实感受，才能说出令农民内心产生共鸣的话语，让其最终放弃出家的想法。

通常来说，高情商与低情商的人之间有一个显著的差别，那就是高情商的人会管理好自己的情绪，会站在他人角度理解对方的情绪，而低情商的人却无法管理好自己的情绪，也不会站在他人角度理解对方的情绪。

对前者来说，他们的思想是宽广的，而后者的思想却是狭隘的。

这也就意味着，高情商的人的人际关系比低情商的人的人际关系更好。所以，如果你觉得你身边的朋友非常少，如果你觉得周围的人与你交流时有抗拒的表现，不妨自我反思一下，尝试着从自己身上找一找问题。只有学会站在他人的角度思考问题，体会他人的情绪，说出来的话才容易打动他人，一场高效的沟通也就率先成功了一半。

人与人之间的关系是相互的，你如何对待别人，别人就会如何对待你，你为他人着想，别人也会为你着想。当矛盾产生时，不要不假思索地去争执，要先换位思考一番，再与人沟通，那样矛盾才会不攻而破。当养成换位思考的好习惯后，你的心胸将变得更加开阔宽广，你的思维也将变得更加活跃，那么成为"健谈先生"或"健谈小姐"也就不再遥不可及了。

先认同对方的观点，再说出自己的想法

　　大千世界，每个人都有自己的脾气秉性，并不是每一个人的脾气都能与你合得来，也并不是每一人都能和你有相同的想法，都能够做出如你所愿的事情。这样一来，人与人之间难免会出现矛盾，而解决矛盾的方法就是沟通。

　　与人沟通时，你或许会遇上脾气比较倔强的人，会遇上蛮不讲理的人，会遇上让人忍不住恼火的人。这就意味着，若是沟通不当的话，沟通就可能会变成一场争执、一场争吵。所以，在与人沟通前，要先理解对方的情绪，让自己冷静后再思考合适的沟通方案。

　　沟通的目的并不是争执，而是通过谈话来使得双方达成一致，并且形成一个切切实实的结果。这个结果可能是对你有利的，也可能是对对方有利的。但不管怎么样，都不能让沟通变成争执，更不能让双方都失控。否则，就得不偿失了。那么，与人有不同的观点或想法时，该怎么做呢？

　　最好的办法，就是先认同对方的观点，等到对方的态度有所缓和之后，再说出自己的想法。这并不是认输和软弱，而是高情商的表现。先用这个策略，稳住对方的情绪，然后再巧妙地沟通，那么事情就会变得容易多了。

琪琪是一个很普通的女人，工作一般，容貌中上，性格还有点内向。但是让朋友们羡慕不已的是，她的老公对她非常宠爱。两个人结婚多年了，老公和她说话依旧是轻声细语，两人很少有吵架的时候，简直就是你侬我侬。

朋友们都感到很惊讶：为什么琪琪和老公很少吵架，感情那么好呢？难道她有什么秘诀吗？

这一天，几个朋友在一起聚会，聊到了这个话题。于是，大家纷纷询问琪琪到底有什么法宝，把两人都变成了好脾气，并且还跟谈恋爱那会儿一样甜蜜。

琪琪腼腆地一笑，说："我哪有什么法宝！不过就是我老公脾气比较急，所以不管他说什么我通常都先顺着他，先暂时同意他的观点。等他冷静一点了，我再说出自己的想法，这样他就能够听进去了。"

接下来，琪琪给朋友们讲了一件最近发生的事情：

琪琪的女儿已经3岁了，到了该上幼儿园的年纪，所以夫妻两人最近忙着给孩子找合适的幼儿园，一有时间就出去考察各个幼儿园。

两人先去了距离家最近的一家幼儿园，可两人一进去就闻到了一股难闻的气味。琪琪老公当时就皱着眉头说："这是什么幼儿园？连卫生都搞不干净！孩子坚决不能在这里上学，我们赶紧走吧！"

听到这话，琪琪就知道老公有点不高兴了。但是她想：既然都来了，也不能什么都不问就走了。不过她也知道，如果自己这样说，老公肯定会发火的。

于是她便赶紧赞同地说："就是！小孩子生活学习的地方卫生应该干净一些，这地方实在是有问题。"看到老公的脸色缓和了很多，琪琪接着说："不过，我们都已经过来了，是不是应该先了解一下情况啊？或许人家还没来得及收拾呢，毕竟这里学生挺多的！咱们先问问其他情况，比如收费、课程什么的，好有个参考。"

听琪琪这样说，老公也随即点头表示同意。

隔天，俩人又去了另外一家幼儿园。这家幼儿园在附近比较出名，环境特别好，师资也比较雄厚。

可当琪琪问起费用的时候，招待人员笑着说："我们这里的学费是一个月三千五，饭费是一个月一千，还可能有书本费、管理费之类的。"

两人一听就愣住了，琪琪老公当即就打了退堂鼓，对琪琪说："这学费实在是太贵了，咱俩这工资还不够孩子上学的。这孩子上学怎么这么难呢？幼儿园不是环境不好，就是学费太贵，要不你就辞职算了，在家带带我们的孩子。"

而琪琪又采取了之前的策略，笑着说："没错，这家幼儿园实在是太贵了，我们真是承担不起。就按你说的，我辞职回家带娃吧！我肯定能把孩子教育得好好的，这可是VIP一对一私教。"

一席话说完，琪琪老公也没有了脾气，看着琪琪笑着说："你就会逗我开心。那你说咱们怎么办？"

这时候，琪琪说："我知道离家不远的地方，有一家新办的幼儿园，条件不错，收费也比较合理。不如咱们去那边看看吧，或许那家幼儿园比之前的两个都合适呢？"

听了琪琪这么说，琪琪老公的情绪也好多了，于是便赶往那家幼儿园。果不其然，那家幼儿园很合适，于是两人就定了那家。

听完琪琪的故事，闺蜜们都若有所思。

看得出来，琪琪是一个高情商、会说话的女人。每一次老公发火的时候，她都是先站在老公的那边，赞同他的说法，同意他的意见，等到赢得老公的信任，并且等老公情绪稳定之后，再说出自己的想法。正是因为如此，琪琪老公才会听从琪琪的意见，而两个人自然也就吵不起来了。试想一下，如果琪琪是不懂得沟通的低情商的人，老公说一句她说一句，句句都和老公对着来，不吵架才怪呢！

所以，与人沟通的时候，最忌讳的就是争辩，尤其是对方在某一件事情上情绪不好、措辞激烈的时候，你的争辩就等于是火上浇油。这个时候，即便你说得再有道理，恐怕也无法获得对方的认同。

聪明的人应该学学琪琪的方法，自己先退一步，让对方的观点得到认同，让对方感觉到你是理解他的，让他的情绪平复下来，然后再采取相应的策略，这样会收到意想不到的效果。

任何沟通，尊重都要放在第一位

　　人与人之间最舒适的交往，往往是建立在平等之上的。但现实是两个人的兴趣爱好、性格修养、社会地位往往不一样，这时候人与人之间的交往就要在相互尊重的前提下展开了。

　　尊重是不分阶级与地位的，它体现了一个人最基本的修养。懂得尊重他人就是懂得主动去理解他人的感受，这也是一种高情商的表现。不论你与他人的沟通出于何种目的，尊重对方，都是一个正确的开始。

　　叶老板本是一家公司的底层管理人员，因为眼光还算不错，抓住商机拉到了投资，一下扬眉吐气了。他离开了公司，自立门户，从一个默默无闻的底层管理人员摇身一变成了一个老板。

　　公司人才济济，大项目一个接一个，一切都顺风顺水，叶老板也很快在业界出了名。可谁也想不到，一年半之后，叶老板却成了人人唯恐避之不及的存在，公司员工的流动性非常高，项目也开始逐渐跟不上了。

　　叶老板心里憋闷，就找来之前同在原来的公司效力的人事部同事诉苦："你说说，一个个的没什么本事，在这么好的环境里还不好好努力，就想着混日子。现在的年轻人和咱们那个时候没法比，拿着工资在这么气派的办公楼里办公还不懂得知足，一个个就想着算计公司，没有一个真心为公司效力的！"

看着叶老板一脸愤懑的样子，前同事也不好说什么，只是劝他别生气，并和他说，大部分的员工都是领工资干活的，不能要求所有的员工都和老板一样对公司负责任。为了转移叶老板的注意力，前同事劝他当务之急是多接一些项目，有助于缓解公司的窘境。可没想到一说到客户，叶老板更生气了。

叶老板气冲冲地说："一个个什么都不懂，还在方案里挑来挑去。要是他们是专业的，还要我们做什么？说起他们我就来气，总把我的东西给改得面目全非。你不知道我们这帮自立门户的人的苦啊！原先我在公司上班的时候就羡慕你们人事部，我们业务部成天累死累活的，你们就往办公室里一待，什么压力都没有，多轻松啊！我今天也是不该跟你抱怨，你懂什么，你不会理解的……"

话说到这个份儿上，同事也很难继续安慰他了，摇了摇头说："看来你现在遇到的所有问题其实都是一个问题，那就是你看不起别人。"

意识到自己说话过分了，叶老板赶紧解释："我不是那个意思……"

"不管你是什么意思，听你说话的人感觉到的就是这个意思。你总不能要求所有人都按照你的想法来思考你的话吧。从你说的来看，我觉得你平时对员工也没有多尊重吧。你总觉得你的员工没什么本事，那你为什么要聘请人家？客户也是一样，你再专业也是乙方，按照甲方的要求做项目难道不应该吗？不管你是什么意思，但刚刚跟我说的话，让我感觉到的就是不尊重。即便是抱怨别人的话，里面有难听的话听着也让人感到不舒服。我看你当务之急是要先改改你看不起人的毛病。"

"酒逢知己千杯少，话不投机半句多。"只要沟通恰当，就能够拉近两个人的距离，无论这两个人有多么不同。想要和一个人顺利沟通，那么就要记住，任何时候，尊重对方都是沟通的开始。真正的尊重，是发自内心地尊重对方，不分职业，不分地位，这才是真正的修养，也才是真正的社交礼仪。

如果再进行细化，那么沟通时的尊重就不仅限于说话的内容了，还包括说话的语气和方式。而判断是否做到了尊重，最简单的检测方法就是换位思考。在讲话之前，先考虑一下对方的感受。不能因为自己是老板，就对员工吆五喝六；不能因为自己是甲方，就对乙方咄咄逼人。员工与老板也好，甲方与乙方也罢，都是一种合作关系，而非从属关系，只有考虑到这些，说出来的话才能够体现出尊重，才能博得对方好感，才好办事。

任何时候，不论面对什么人，请牢记：沟通，从尊重开始；尊重，从语言开始。

机巧灵活，恰到好处地侃侃而谈

"过犹不及"这个成语出自《论语》，意思是事情办得过火了，就跟做得不够一样，都是不好的。我们不管做什么事都要做到恰到好处，与人沟通也是如此。

通常来说，与人沟通时言语过火，会令人恼怒；言语过冷，又会令人没有继续交谈的欲望。所以，在与人沟通前，要先站在对方角度，理解对方的想法与感受，然后再开口去说。这样做说出来的话会是恰到好处的，是切中要害的，同时这也是最好的沟通方式。

田歌初进公司的职位是人事部文员。她资历不深，能力也说不上出类拔萃，但却在进入公司短短两年时间里，就从一名普通文员晋升为董事长助理。这样的升职速度，让人难以想象。大家都觉得是好运气眷顾了田歌，给了她这一千载难逢的机会，不过田歌知道这不过是与人沟通的力量。

因为工作原因，田歌常常需要到各个楼层的领导办公室收发快件。工作一段时间后，她就把公司上下每一个领导的头衔、姓名和办公室等，都记得清清楚楚了。她经常会在电梯里遇到领导，而每次遇到领导时，她都会先问一句，领导需要到哪一楼层。

有一次，董事长刚办完事回公司，在电梯里遇到了田歌。田歌按电梯按钮时照例问了一句："董事长，您好，请问是要到六楼吗？"

董事长觉得很奇怪，便反问道："你天天跑我办公室，怎么每次都要问我到几楼，难道你还不清楚我的办公室在几楼吗？"

田歌笑着回答说："我知道您的办公室在六楼，但我并不知道您是打算回办公室，还是要去别的部门办公，因此我不能自作主张。"

因为这件事田歌令董事长印象深刻，也由此获得了令人羡慕的升职机会。

如果你是一个身处高位的领导，那么你一定不喜欢自己的手下猜度自己的心思，更别说替自己做决定了。田歌是一个情商高又聪慧的人，她懂得严防死守自己与领导之间的界限，懂得站在对方的角度感受其情绪和思考问题的方式。所以，哪怕是像坐电梯这样看似无足轻重的小事，她也懂得审时度势，将话说得恰到好处，充分表现出她对领导的尊重和敬畏。这样的沟通过程无疑是讨人喜欢的。

在实际生活中，我们常常会遇到意想不到的新情况以及听话人的不同状态等，此时先不要急着应对，要先去理解对方的想法与情绪，这样说出来的话才会恰到好处，才会令对方感到愉悦，进而感受到你的人格魅力。反之，则会影响对方的心情，甚至破坏彼此之间的关系。

聚会上，一位男士与一位女士聊天，两个人聊得不错。这时，女士手机铃声响起。接过电话后，女士眉头一皱，叹了口气，挂了电话。

男士谈兴正浓，又接着前面被打断的话题聊了起来。女士却一直不怎么说话，最后找了个借口离开。

　　这位男士没有注意到女士情绪的变化，自顾自地说，使得本来大好的局面却这样黯然收尾。

　　沟通是一种技巧，也是一种有智慧的体现。它能彰显一个人灵活处理问题的能力，有时也会关系着一项事业的成败或一个人的命运。这要求我们在日常生活的沟通中，学会理解他人的情绪，然后再调整自己的语言。如此，沟通才会变得巧妙而精彩。

第七章

用故事增强说服力——
故事比你更会说话

　　在谈话的时候，因为我们是有立场的，是有目的性的，所以我们说的话对方不会完全相信。在这种时候，不妨让对方自己去领悟我们想要说的话，让对方判断我们的话是否值得相信。就如同心灵鸡汤一般，如同禅师寓言一样，我们讲一个故事，让对方来领悟。自己领悟的道理，自然比别人说的话更有说服力。

列出故事清单，让好故事成为你的"语料库"

当你想要说服一个人的时候，讲故事永远比讲道理更有用。这并不难理解，比如当你要告诉一个人，做人应该讲诚信的时候，如果你仅仅告诉对方，诚信有多么重要，是道德和修养的体现，等等，那么不管你说的话多有道理，估计都不会给对方留下多么深刻的印象。但如果这个时候，你用一个故事来告诉他，一个人诚信与否会造成什么不同的后果，那么效果就大不一样了。

前者之于对方来说，不过就像是一碗没有什么味道的鸡汤，营养或许是有的，但却缺少让人印象深刻的味觉体验。后者则显然更能引起对方的思考，增强代入感，让对方能够深切地体会到"诚信"二字的重要。毕竟比起空口白话的大道理，具有逻辑性和现实性的故事显然更能让人感受到真实。

所以，要想成为一名好的说服者，你首先得让自己成为一名优秀的"故事大师"。当你能够在脑海中存入各种各样的故事，并让这些故事成为你的"语料库"时，也就不需要再担心不会说话了。

久违的同学聚会上，最令大家感到吃惊的，是陈妙的变化。

学生时代的陈妙是个胆小羞怯的女孩，不善言辞，每次和别人说话都是一副局促不安的样子，也不知道该怎么和别人聊天。那时候，同学们私底下给陈妙取过一个绰号——复读机。因为每次和别人聊天，不管对方说什么话题，陈妙都只会重复对方的意思。

比如对方说："今天天气真好啊！"

陈妙通常就会接上一句："是啊，天气真好！"

对方说："我认为这事不该这么做，这样做的话以后……"

陈妙接道："是啊，我也认为这事不该这么做……"

久而久之，陈妙几乎成了众人眼里的"透明人"，没人喜欢和她聊天，也没人会记得去问她的意见。

如今的陈妙完全没了过去的影子，不仅穿着打扮时尚，站在众人面前也不再有过去那种畏畏缩缩的感觉了。更重要的是，从前不善言辞的她现在居然可以和大家侃侃而谈了。不管谁说什么话题，她都能适时地接上几句，不时还会应景地说几个与话题相关的小段子，让人忍俊不禁。

后来聊起各自的工作，大家才知道，原来现在陈妙已经是某公司销售部门的副经理了。看着陈妙现在的样子，许多同学都羡慕不已。有人疑惑地问了一句："我说陈妙，你怎么突然就打通任督二脉开窍啦？谁给了你一本《话术秘籍》不成？不然就你以前那闷性子，可真是想不到你会去做销售，更想不到你能这么成功啊！"

看着大家或惊讶或探究的目光，陈妙笑了笑，从包里掏出一个小本子，随手递给了身边的一个同学，笑着说道："得，那就让你们瞧瞧我的《话术秘籍》吧！"

大家好奇地凑了过来，打开笔记本之后，却发现上面按照日期，记录了每天几个不同类别的新闻头条，包括财经、娱乐、社会等。在每个新闻标题的下面，还简练地罗列着一些与新闻相关的资料，大多是一些简单的段子或故事等。

陈妙笑着向大家解释："刚毕业那会儿，我因为嘴笨，不会说话，去了好几个公司面试，都被拒绝了。后来，一位亲戚托人帮忙，把我介绍进了现在的公司做销售。那时候我真是特别沮丧，也特别害怕。我见到客户，该说什么都不知道，怎么可能把东西推销出去呢？后来，负责带我的师父知道之后，给我布置了一个任务，他让我每天晚上回去看新闻联播，然后记住几个重要的新闻，再上网找一些和这几个新闻相关的段子、故事或者知识点等，记下这些东西，然后把它们变成自己的语言素材，第二天再去和别人谈论。一开始，我特别紧张，说话就跟背书似的，完全是把头天晚上我记住的那些资料'竹筒倒豆子'一般地说出来。令人意外的是，大家对我说的东西似乎都很有兴趣。后来我渐渐养成了习惯，每天都会看新闻，然后记录下相关的资料和信息，有时候看到好的故事也会记录在我的本子上，存到我的脑海里，以后再与别人聊天的时候，就能把这些东西都拿出来用了。"

说话是一种可以通过后天培养来获得的技巧。如果你不懂得该如何与别人对话，那么只能说明你脑海中的东西太少了。如果你能像陈妙这样，注意积累谈资，那么总有一天，你也会迎来蜕变，成为一个真正的说话高手。

在现实生活中，获取谈资的方式有很多，你可以通过网络、书籍、电视，甚至可以在同别人聊天时进行提取，然后在脑海中列出一份故事清单，用来充盈你的"语料库"。当你拥有足够多的"语料"时，也就不需要再担心陷入张口没有话说的窘境了。

简练的故事更令人怦然心动

越是精彩的故事，就越是讲求语言的简练有力，通篇不加一句赘言，每一个词句都有存在的意义。我们说话也应做到如此，力求简练，让说出来的每一句话都有让对方花费时间倾听的意义。要知道，在人们众多的缺点中，最令人无法忍受，也最容易磨光别人耐性的，就是啰唆。

我们每天都很忙碌，即便遇上休息日，想必也希望能让每一分钟都过得舒适惬意，谁也不愿意把时间浪费在某个人的废话连篇中。就算是放松地聊天，我们也会期望这一场聊天是妙趣横生的，能够让我们从中感受到愉悦，而不是无聊和啰唆。

陈瑶是星光商场某护肤品专柜的销售员，这是她第一天正式上班。为了做出好成绩，她花了整个晚上，把她负责促销的这款面霜的资料全部背了下来，从面霜的成分、作用、制作过程，到品牌的故事、创始人、广告、代言人，等等，全都记得一清二楚。

斗志昂扬地等了一早上之后，陈瑶终于接待了她的第一位顾客——

一位年轻的女士。这位女士拿起一款面霜看了许久，然后又拿起放置在前方的试用装涂在手背上，面露犹豫之色。陈瑶赶紧走到这位女士旁边，热情地说道："您好，您是喜欢这款面霜吗？这是我们这一季的主打产品，是我们公司的护肤专家团队开发的明星产品之一。"

女士犹豫道："我之前没用过这个牌子，一直是用Ａ牌的……"

陈瑶赶紧说道："我们这个牌子很好的，国际大品牌。我们这个品牌的历史已经有一百多年了，创始人是一个叫作……的人，还是个爵士。据说他当年创办这个品牌就是为了他的爱人，他的爱人是当时非常有名的一个美人……"

陈瑶滔滔不绝地说着自己记下的资料，女士赶紧打断了她，问道："听上去是有挺长历史的，我倒是也在电视上看过这牌子的广告。"

一听到"广告"，陈瑶赶紧又热情地介绍道："是啊，我们在宣传这块上做得很不错的。代言人是……她可厉害了，拿过好多大奖，连她都用我们的产品，可见我们的产品确实好。据说当初为了请她做代言，我们总部的人……"

"嗯，还是来说说这个面霜吧。"女士再次打断了陈瑶，"不知道它的保湿效果怎么样？我现在主要就是缺款保湿的面霜。马上就换季了，空气比较干燥。"

听到女士的询问，陈瑶立即想起之前背过的关于面霜的制作过程，赶紧介绍道："保湿效果很好，而且对雀斑、细纹都很有效果。这款面霜的制作过程非常烦琐且精细，要经过188道工序，萃取了多种植物精华，然后再通过……"

见陈瑶还打算滔滔不绝地继续说下去，女士已经不耐烦地放下了面霜，看了眼手机，敷衍地说道："嗯，知道了，我下次再来看吧，赶时间。"

"啊……我还没说完呢，今天面霜在做活动……"看着女士离开的背影，陈瑶无奈地叹了口气，真是出师不利啊！

仅从工作的角度来看，陈瑶无疑是足够认真和专业的，她记住了一切有关自己所负责产品的资料，力求能够回答顾客想要知道的每一个细节。但她最大的错误是，她完全忽视了顾客的反应和需求，根本没去考虑顾客是不是真的对她讲的那些细节感兴趣。

每个人都是不一样的，都有不同的思想、愿望以及需求。比如有的人可能对产品故事感兴趣，有的人可能对产品的制作工艺感到好奇，而有的人可能仅仅是需要知道产品的功能。我们必须在了解对方的想法和明白对方的需求之后，再有针对性地去给对方"讲故事"。要知道，对于对方来说，不管我们所要讲的内容有多么精彩或者多么专业，如果是他们毫无兴趣的东西，那么一切就都只是废话而已，只会让人感到无聊和不耐烦。

聊天也是一样的道理，我们应该有针对性地和对方谈论一些对方感兴趣的内容，把他们不感兴趣的内容全部剔除，力求让我们口中的故事能够更加简练有力，让对方能够对我们所说的话一直保持兴趣。只有这样，对方才会愿意并且乐于听我们说的故事，以及加入这场谈话。

　　所以，请记住，简练的故事往往让人怦然心动。当你所说的每一句话都是对方愿意并且乐于倾听的话时，你们之间的谈话又怎么可能会缺少火花呢？好的故事不在于篇幅的长短，而在于情节的精彩；愉快的聊天不在于话语的多少，而在于言辞的巧妙。

反差是吸引人的撒手锏

　　网络上有个很流行的词——"反差萌"，指的是人物表现出与原本形象不同的"萌"属性或多种互为矛盾的"萌"属性同时存在。比如一个"冰山"属性的人，却又展露出"天然呆"的一面，这种反差和违和感就是非常典型的一种"反差萌"。

　　人们之所以喜欢"反差萌"，归根结底其实是迷恋其中所体现出的矛盾和出乎意料。因为具备这种矛盾和出乎意料，所以人物性格才能展现出冲突和火花，也才足够吸引人、足够精彩。我们讲故事同样也应该这样，要让故事具有反差性，出人意表，这样故事才能讲得跌宕起伏、精彩纷呈，也才能让听者意犹未尽。

　　2005年，苹果时任首席执行官乔布斯受邀在斯坦福大学毕业典礼上发表演讲。这一演讲十分精彩，在当时可谓轰动一时。在演讲中，乔布斯一共讲了三个故事，而最令人印象深刻的，是他所讲述的第二个故事。那是一个关于爱和损失的故事，乔布斯是这样说的：

　　我是个非常幸运的人，因为在很早的时候，我就已经找到了让我为之热爱并充满激情的东西。我和沃兹在二十岁的时候就创办了苹果公司，地点就在父母的车库里头，那就是苹果公司的发源地。那时候，我们怀抱着激情与梦想，为我们的事业投注了十二万分的努力。

十年之后，我们成功地把公司从车库搬到了高级写字楼里。一开始只有两个穷光蛋的公司，就这样用十年的时间，发展成了一家拥有超过四千名雇员的大公司，市值超过二十亿。很显然，这已经绝对称得上是一家大公司了。我们最好的产品麦金塔电脑是在公司成立的第九年发布的，那款产品是我们的骄傲。那一年我快三十岁了，那是很特殊的一年，也正是在那一年，我被炒了鱿鱼。

很多人可能会觉得很奇怪，那不是你创立的公司吗？你怎么会被自己的公司炒鱿鱼呢？但事实是，我确实被自己创立的公司炒了鱿鱼。在苹果快速成长的时期，我们雇用了一位领导者，和我们一起管理公司，不可否认，他是个很有天分的人。最初的几年里，我们的公司运转得很好。但后来，在对公司未来发展的规划上，我们产生了非常严重的分歧，甚至因此而爆发了激烈的争吵。

最终，他赢得了董事会的支持。所以，就在我快要三十岁的时候，我被炒鱿鱼了。就这样，在众人的眼皮子底下，我被毫不留情地扫地出门。那时候，我的感觉，就好像是生命的全部支柱都崩塌了一般，这对于我来说简直就是毁灭性的打击。

最初的几个月里，我完全失去了人生的方向和目标，同时我也完全失去了创业时候的激情。当初那些和我一起创业的人对我一定失望极了，我想我让他们感到很沮丧。我和戴维·帕卡德以及鲍勃·诺伊斯见了个面，当面向他们道歉。我把一切都弄得一团糟。

　　但很快，我就发现了新的曙光。我意识到一件很重要的事情，那就是即便发生了这一切，但我却依然深深热爱着我所从事的这些事情。苹果公司的经历并没有将这种热爱改变一丁点儿。是的，我被炒了鱿鱼，可我依然热爱它，所以我决定重新开始。

　　事实上，后来我才发现，那次被炒鱿鱼是我人生中发生的最棒的一件事。因为那个阶段，我重新体验到了作为一个创业者的轻松感，那种全然的自由，让我进入了生命中最具创造力的阶段。

　　接下来的五年里，我又创立了两家公司，NeXT（下一个）和皮克斯。皮克斯制作了世界上第一个由电脑制作的动画电影——《玩具总动员》。迄今为止，它依旧是世界上最成功的电脑制作工作室。再后来，苹果收购了NeXT，于是我又在命运奇妙的指引下回到了苹果公司。在苹果后来的复兴中，NeXT发挥了非常关键的作用。

　　如果我没有被炒鱿鱼，那么这些事情一件也不会发生。良药确实苦口，但病人确实也很需要这个药。

　　有时候，生活会搬起一块砖朝你头上砸去，但不要因此就失去信心。我很清楚，这个世界上，能够支撑我一直坚定不移走下去的，就是我对我所做事业的热爱。

　　乔布斯的演讲之所以这样精彩，是因为他的故事里，每一个转折几乎都带着强烈的反差，每一步的发展，都让人出乎意料，充满了矛盾与冲突，让人在听的过程中不自觉地就被故事所牵引，期待着下一步的进展和结果。从苹果创始人，到被解雇；再从失败的"失业者"，到创立NeXT和皮克斯，并最终回归苹果。当你以为他要走上巅峰时，他却跌落尘埃；当你以为他将在失败的泥淖中消沉时，他却又再次站起，缔造辉煌。

如果一个故事，听到开头就能立刻猜到结尾，那么这个故事必然是失败的、索然无味的，倾听者又怎么会愿意浪费时间去听呢？所以，我们在讲故事的时候，一定要懂得设计反差和悬念，在关键时刻营造出一种出人意表的震撼，这样才能牢牢抓住对方的兴趣点和兴奋点，让对方对我们所讲的故事感兴趣。

先抛出"爆点"勾起兴趣

为了勾起人们的兴趣，在电影或电视剧的预告片中，导演往往会把最精彩、最有悬念以及最有画面感的片段放进去，这就是我们所说的"爆点"。因为导演很清楚，放出预告片，为的是让人们对电影或电视剧产生观看的欲望，而预告片时长有限，所以必须拿出最精彩、最具爆炸性的东西，这样才能在最短时间内抓住人们的眼球。

我们在和陌生人打交道的时候也是如此，如果想要让对方对我们产生兴趣，愿意花费时间和我们进行之后的交流，那么我们就得先抛出"爆点"，勾起对方的兴趣，这样才能为接下来的交谈争取到机会。

利朗是某广告公司的设计总监，曾斩获无数广告大奖。他常常挂在嘴边的一句话就是："做广告，你得先抛出'爆点'，勾起对方的兴趣，这样才能让人印象深刻。"

在一次公司的教学培训上，利朗给员工们播放了一则非常经典的广告案例，这则广告是这样的：

在黄沙漫漫的大西北，一条笔直的公路在沙地中延伸至天边。这里人烟稀少，只有一个小伙子站在路边，不停地朝着路过的车招手，然后又放下，再招手，再放下，他似乎是想要搭顺风车。

就在这个时候，终于有一辆车停在了小伙子面前。车窗摇下之后，只见车里坐着五个人。小伙子笑着问他们："你们知道马师傅吗？他到了没有？"大家面面相觑，一脸茫然地问道："这马师傅是谁呀？他是干什么的？长什么样？"小伙子笑着摇摇头，没有上这辆车，一车人只好带着疑问离开了。

到这里，广告的第一段就结束了。员工们都非常纳闷，这广告到底是什么产品的广告？里面说的马师傅又是何方神圣啊？怎么什么都没说明白呀！

接着，在大家的催促下，利朗又播放了广告的第二段。虽然是不一样的场景，但依然还是那个小伙子，依然还在寻找神秘的"马师傅"。每个人都聚精会神地看着，试图找到关于"马师傅"的蛛丝马迹，但很可惜，这段广告依旧没有揭晓答案。

然后，又是第三段、第四段，但令人失望的是，广告里始终没有出现"马师傅"的真面目，而员工们的好奇心也越来越浓，恨不得利朗赶紧揭晓答案。

见广告已经成功勾起了员工们的兴趣，利朗笑着解释道："这是一个非常经典的系列广告，分集播放的，就像电视剧那样。这个广告投放的时候，就是每天同一时间、同一频道进行播放，一天一段。当时，这个广告勾起了很多人的好奇心，有不少人还专门到网络上去搜索'马师傅'这个关键词，试图找到线索。在很长的一段时间里，'马师傅'成了人们茶余饭后闲谈的主题。可以说，这个广告真的是非常成功。大概在一个月之后，随着一款新产品的面世，'马师傅'的神秘面纱才终于被揭开，原来它是马来西亚一家石油公司出品的一款润滑油产品。"

听到这里，大家这才恍然大悟，纷纷感叹广告设计者的奇思妙想。

利朗接着说道："广告的时间是非常有限的，一则成功的广告，必须在第一时间吸引住别人的视线，并在最短的时间里让人印象深刻。所以，我们做广告的时候，必须先抛出一个'爆点'，让别人对你的广告产生兴趣，这样你接下来要讲的内容才会有人听。"

"马师傅"的广告无疑是成功的，它利用悬念作为"爆点"，成功引起了大家对"马师傅"的好奇心，从而主动地去探索、搜寻关于"马师傅"的资料，并将"马师傅"牢牢记在了脑海里。

我们与人交谈，为的就是能够与对方建立感情，拉近彼此的距离，从而让对方愿意接受我们的意见或想法。而要实现这一切，我们首先必须做的事情，就是让对方愿意给我们与之交谈的机会，愿意倾听我们的声音。简单来说，就是我们必须让对方对接下来的谈话产生期待和兴趣，这和做广告其实是非常相像的。广告推销的是产品，而交谈推销的则是我们自己。

所以，在聊天时，我们要懂得为故事制造悬念，把最吸引人的"爆点"先抛出来，吸引别人的关注，只要能成功做到这一点，我们的谈话就成功了一半。这就好像电视剧剪辑一样，为了抓足观众的胃口，每一集电视剧都会在最精彩、最高潮的部分戛然而止，但也正因为如此，人们才会不自觉地去期待下一集剧集的播放。

要学会用真情实感来包装故事

　　有人说过，一个优秀的故事，就是能够让听到这个故事的人由内心深处产生一种强烈的、受到激励的力量。而真正能够渗透我们的内心，引起我们震撼的东西，就是情感。也就是说，一个优秀的故事，必定饱含着充沛的情感，并且能够用这种情感去感染每一个听到这个故事的人。

　　安先生是一家高端净水设备公司西藏区的推广负责人。虽然公司生产的净水设备品质高、功能强，可以很好地净化水源，但售价却不低，一套配下来就得十多万人民币。西藏地区经济基础相对比较薄弱，不管是个人还是企业用户，都不太舍得花费这么多金钱来购买净水设备；况且这还是一款比较新的产品，很多人都不能确定它究竟有多大的实用价值。

　　眼看公司产品发布会举行在即，但安先生却还没有想好该怎样来推广公司的这批净水设备。要知道，这批设备推广的成败将直接影响公司未来几年甚至十几年内对西藏地区市场份额的占有。这让安先生头疼不已。

　　发布会举行的前一天，安先生干脆请了假，在家埋头修改自己在发布会上的演讲稿。这篇演讲稿已经写好很久了，但安先生却始终不太满意，总觉得缺少点可以打动人的东西。就在这个时候，出门逛街的妻子回来了，并且带回了一枚价值十万元的翡翠戒指。安先生觉得很惊讶，平时妻子对翡翠饰品并没有多大兴趣，虽然这枚戒指做工精细，质地也不错，但十万元的价格也着实不便宜。

　　看出安先生的疑惑，妻子笑着解释道："这枚戒指很漂亮，但起初我并没有下定决心要购买它，你也知道，我对翡翠向来兴趣不大。但售货员当时给我讲了这枚戒指背后的故事，为了这个故事，我愿意买下它。"

　　然后，妻子向安先生讲了这枚戒指背后的故事。据说这款戒指是设计师专门为自己的妻子设计的。当年他们结婚的时候，两个人很穷，所以连结婚戒指也没有。后来，日子越过越好，但妻子却得了癌症。得知妻子病情的那一刻，设计师很痛苦，也觉得很亏欠妻子。于是他用了将近一年的时间，专门为妻子设计了这款极具纪念意义的戒指。这款戒指因为背后特殊的意义，所以并没有进行量产，全世界一共只有十枚。

　　听完戒指的故事之后，安先生顿时豁然开朗。他突然意识到，真正打动妻子，促使她购买戒指的，实际上是这个充满了感情的故事。那一刻，安先生突然明白，自己的演讲稿中缺少什么了。

　　第二天，在发布会上，安先生看着台下坐着的那些西藏地区的潜在客户们，开始声情并茂地发表演讲。在正式介绍公司产品之前，安先生先讲了一个他在西藏旅行时的故事：

"以前每一年，我都会到西藏待一个月，和牧民们一起同吃同住，有时也会去景区看一看。不可否认，西藏是一个非常美丽的地方，让人流连忘返。但这几年，我却发现了一个令人非常气愤的现象：很多游客到处乱扔矿泉水瓶，污染了这块美丽的土地。几乎每一条通往景区的路上，以及景区的周遭，都能看到乱扔的空水瓶。有时候我就在想，这里明明有着清冽的原生态山泉水，可为什么人们却宁愿到超市花四块钱买一瓶矿泉水，也不肯喝山泉水呢？我知道，这些泉水是很干净的，对健康也很有好处，但人们为什么不愿意喝……"

安先生很清楚，如果只是单纯推介公司的净水器，告诉大家这款产品有多么好，是不足以激起客户的购买欲的，毕竟客观来说，这款产品的性价比并不能成为最大的优势。所以他非常聪明地用一个故事作为开头，让西藏地区的客户产生情感上的共鸣，让他们萌生出一种想要提升西藏地区整体水质的豪情。如此一来，安先生所要推介的净水器就被赋予了特别的意义，不再只是一款普通的产品了。

人的行为是由情感与理智共同驱使的。在大多数情况下，我们会用理智去权衡付出与收获之间的比例，从而决定一件事情到底该不该做。但某些时候，一旦我们的情感被调动起来，那么理智就可能瞬间荡然无存。

利用这一点，如果我们能够用真情实感去包装我们的故事，让对方与我们产生情感上的共鸣，那么从某种程度上来说，就会更容易"驱使"对方去做一些哪怕理智判断并不划算的事情。就像安先生的妻子那样，她之所以最终决定买下那枚戒指，正是因为被戒指背后那个饱含着深情的故事所打动了。

　　总之，请记住，情感是谈话中最有力的"武器"。懂得充分调动情感的力量，能够帮助我们更好地掌控谈话的"主场"，从而更容易达成谈话目标。

说话要生动，制造画面感

我们和人谈话，想要达到一个理想的效果，首要就是要能在谈话中抓住对方的注意力。如果不懂得注意对方的情绪和反应，自顾自地夸夸其谈，那么不管你的发言多么精彩，多么有内容，这场沟通都是失败的。

沟通要讲求技巧，一个讲话能够让人听得轻松愉快的谈话高手，必然擅长用语言绘制出生动的画面，因为画面往往比单纯的文字更能激发人的兴趣。试想一下，当你能够用语言引导对方在脑海中描绘出立体的画面时，是不是要比那种含糊不清、索然无味的话语更具有吸引力呢？

在段平第五次恋爱失败，被女朋友甩掉之后，段平的妈妈终于忍无可忍，给他报了一个关于说话技巧的培训班。

要说段平这人，光看"硬件"，绝对称得上是个"黄金单身汉"。高大帅气、身材好，而且刚刚年过三十，就在一家知名企业坐上了高级工程师的位置，前途一片光明。段平也确实很讨女孩子喜欢，他的五段恋爱经历，实际上都是女方追求的他。但可惜，没有一段能修成正果，而且每一次女方甩他的理由几乎都大同小异——段平"太无聊"。

事实上，这确实是段平的一个短板。他虽然博学多才，但十分不善言辞，他说的话常常让和他交谈的人感到索然无味。这也是段平妈妈非给他报个说话技巧培训班的缘由。

虽然不愿意，但在母亲的威压之下，段平还是去了培训班。导师讲的第一课的主题就是"让语言更有画面感"。

导师上台之后，在黑板上写下了这样一句话："抽象的风格总是差的，我们的句子里应该充满石头、金属、椅子、桌子、动物、男人和女人。"这是哲学家艾兰说过的话。

对此，段平一开始是嗤之以鼻的。在他看来，语言不过是一种沟通的工具，只要能把意思讲清楚不就行了，有什么好进行培训的呢？但之后的上课内容却彻底改变了他的想法。

为了说明画面感在谈话中的重要性，导师给学员们出了一道题，让学员们自己组织语言描述这样一个内容：尼亚加拉大瀑布水量十分惊人，每天浪费的潜在能量同样也是非常惊人的。

学员们依次被导师请上台发言，他们有的着重强调能量的重要性，有的大肆形容尼亚加拉大瀑布的壮观和惊人水量。在一连听了十几个学员的发言之后，段平只觉得昏昏欲睡，对那个什么大瀑布也根本没有什么概念。轮到他发言的时候，他草草地把导师布置的题目内容又重复了一遍就下台了。

在学员们都发言完之后，导师再次走上台，微笑着对大家说道："我刚才听了大家的发言，说实在的，我脑海中没有形成任何印象，对尼亚加拉大瀑布究竟浪费了多少能量这一点，我脑海中也依然没有任何概念，更别说什么共鸣了。"

"事实上，这个议题是埃德温·洛森在一次演讲中提到的。他演讲的原文是这样说的：'众所周知，在美国境内，有数百万人都因贫穷而在死亡线上挣扎。但尼亚加拉大瀑布却在无休止地浪费。平均每小时，它都要浪费掉三十万个味道各异的面包；平均每小时都有八十万个新鲜鸡蛋被丢下悬崖，在巨大的漩涡里变成一个大蛋糕；它就仿佛一台超级织布机，有一千三百米宽的那种，但它织造出来的布匹却只能顺着水流远去。你可以试着想象一下，它每天就相当于把一家大型百货公司带入湖底……'"

听着导师的话，原本昏昏欲睡的段平逐渐精神起来，他的脑海中出现了许多生动而又奇妙的画面，仿佛亲眼看到了那三十万个面包、八十万个鸡蛋、陷入漩涡的巨大蛋糕以及随水流远去的巨幅布匹，当然还有那家无辜的百货公司。虽然他从未去过尼亚加拉大瀑布，也对能量的概念一窍不通，但那一刻，段平仿佛瞬间理解了发言者对能量浪费的惋惜，也正是在那一刻，段平体会到了在谈话中制造画面感的重要性。

语言的力量总是令人惊讶不已，描述同样的东西，你可以平铺直叙地描述它，让人感觉索然无味，也可以把它描述成一部免费的电影，用语言带领对方绘制出一幅幅生动形象、让人印象深刻的画面。就像尼亚加拉大瀑布的水流一样，在描述中，它可以仅仅是一堆数据，也可以成为具体形象的面包、蛋糕、巨幅布匹、百货公司……而它究竟会以什么样的形象呈现在别人"面前"，关键就看描述者用怎样的语言去描述它。

所以，如果想要吸引住对方的注意力，让你的谈话变得生动有趣，那么在说话时就一定要注意这一点：制造画面感，沟通有可能达到奇效。

打造一个令人难忘的结局

　　一篇优秀的文章，除了要有一个足够吸引人的开头之外，同时也少不了一个耐人寻味的结尾。一场谈话同样也是如此，有了鲜明有趣的开始和过程之后，也不该缺少一个令人难忘的结局。可别小看貌似无关紧要的结尾，如果你能抓住这最后的短短几分钟，给对方留下一个难以忘怀的回忆，甚至让对方已经开始期待下一次与你的会面与交谈，那么你所能取得的成果将是相当惊人的。

　　相反，如果一场谈话原本是妙趣横生的，但在最后关头却陷入含混不清、陈词滥调的泥淖，那么表达的效果就势必会大打折扣，甚至可能让之前的努力全部功亏一篑，给对方留下糟糕的印象。

　　为了训练口才，陈琦参加了一个有名的演讲培训班。

　　陈琦本身就是个非常博学并且聪明的人，平时虽说不上舌灿莲花，但与人打交道时也常会被称赞一句能说会道。参加培训班完全是期许自己能更上一层楼。因此，在培训班里，陈琦的表现算是相当不错的。

演讲这件事，理论掌握得再熟练，没有实践也是不行的，所以为了提高学员的实际应用水平，培训班常常会安排一些演讲活动，让学员们实践训练。每一次，陈琦的演讲稿都写得十分精彩，经常会被拿出来作为范文让其他学员参考学习。但他的演讲总评分却不是很高，因为每次演讲完之后，大家似乎对他的印象都不是很深刻。

陈琦一直都知道，自己的演讲是存在缺陷的，但却始终不知道具体是哪里出了问题，自己该如何弥补。在和培训班的导师交谈之后，导师指出了陈琦的问题所在："你的演讲结尾太过平淡，让人留不下深刻记忆。"

对于导师的话，陈琦并不是完全相信的。在他看来，演讲到了结尾的时候，主要内容早已讲完，剩下的无非就是客套的谢幕，就好像无关紧要的配菜一般，哪里会有这么大的影响力啊！

直到有一次，在一场活动中，陈琦抽到了最后一个发言，这让他不免感到有些沮丧。要知道，这次活动陈琦准备了很长时间，但排在最后一个发言，显然对他很不利。一方面，时间越久，听众就会越感疲惫，对演讲的观感体验自然也会大打折扣；另一方面，由于演讲的主题都是同一个，所讲内容自然不会有太大出入，越是到后面，观众们的耐性就会越少。

果然不出所料，活动一开始的时候，听众们还热情高涨，但越到后面，听众的热情也就越低，有些人甚至都已经昏昏欲睡了，就连掌声都是稀稀拉拉的，听上去十分敷衍。等轮到陈琦上场的时候，整个会场里的听众已经几乎睡过去了一半。

虽然有些沮丧，但陈琦依然很认真地完成了自己的演讲。就在演讲接近尾声之际，陈琦突然想起之前导师说的，他的结尾太过平淡。陈琦想了想，眼珠滴溜溜一转，顿时就有了主意。于是，在演讲内容结束之后，陈琦便继续说道："今天我一共和大家谈了三个问题，最后让我们一起来总结一下吧。"

在罗列完第一点、第二点之后，当提到第三个问题时，陈琦突然顿了顿，然后提高嗓门大声说道："现在，该轮到第三点了。"

说到这里，陈琦清了清嗓子，摆出一本正经的样子，然后才接着说道："这第三点，就是——散会！"听到这里，听众们全都忍不住笑了起来。

令人意外的是，在这场演讲活动结束之后，听众们印象最深刻的事情，居然是陈琦在演讲即将结束之际的那个小幽默。

"一篇之妙，在乎落句。"这其实并不难理解，从人的记忆规律来看，距离时间越短，记忆就会越清晰。比如一个小时之前发生的事情，和一天前发生的事情相比，留在我们记忆中的印象，自然是前者要更鲜明。所以，我们在和别人谈话的时候，即便开端是精彩的，给人非常良好的印象，但如果在接近尾声时掉链子，那么在对方的记忆中，掉链子时候的表现就会成为最鲜明的记忆，这样一来，对方对我们的评价自然就会大打折扣。相反的，即便我们的开端不尽如人意，但若是能在结尾时有一个精彩的表现，那么也定然能产生意想不到的结果，挽救我们在对方心中留下的印象。

　　所以，千万别小看一场谈话的结尾。虽然这个时候，我们所要表达的主要内容或许已经全部完结，但这短短时间内的表达，却反而可能成为对方给我们"打分"的关键依据，千万别让乏味至极的结束语将我们之前的努力破坏殆尽。

第八章

沟通从心开始——
九大心理学法则，让你成为说话高手

当今社会，心理学的应用越来越广泛。一场谈话，就是一场博弈，博弈的双方都是由自己的心理驱动的。那么，如果我们能够运用心理学知识，是不是就能够让自己占据上风，成功说服别人呢？当然能，如果你能够控制自己的心理，影响他人的心理，那么你将成为当之无愧的说话高手。

坚信定律：先说服自己，再说服别人

"当你能够一直坚信某件事情时，到最后它就会变为事实。"在心理学上，我们将其称为"坚信定律"。

信念是成功的必备因素。不管你想要做什么，或者你想要说服别人什么，首先你自己得相信自己能做到，相信自己所说的一切能实现，只有先说服了自己，你才有可能去说服别人。

从二十世纪初开始，田径运动中就有一种说法——"梦幻一英里"，指的就是在四分钟以内跑完一英里（英里，英制长度单位，1英里 ≈ 1.61 千米）。这个目标之所以被冠上"梦幻"之名，是因为在无数人看来，这是一个基本上不可能完成的目标，也是无数田径运动员的梦想。

在很多年里，无数的田径运动员和心理学家都研究过"梦幻一英里"，甚至有一些研究者在进行科学的研究分析之后，还总结出了实现这个伟大目标的一些必备条件。他们认为，要让"梦幻一英里"成为现实，就必须在气温条件大约华氏六十八度（二十摄氏度）的情况下进行，因为这个温度是最适宜田径运动员身体状况的，能够让他们发挥出最大的潜力；此外，用来奔跑的赛道必须得是坚硬干燥的土地赛道，并且在奔跑的过程中不能有风。只有满足了这些条件，把所有状况都调节至最佳的理想状态，运动员们才可能将"梦幻一英里"变成现实。

众所周知，在物理学中，所谓的"理想状态"是一个存在于概念和设想中的状况，在现实环境下是不可能实现的。这些被研究者们总结出来的实现"梦幻一英里"的理想状态也是如此，基本不可能在现实环境中实现。既然如此，那么是不是说明"梦幻一英里"注定只能是一个梦呢？

然而，有一个人却不相信，他始终坚定不移地认为，只要足够努力，这个目标就一定可以实现，而事实上，他也一直为此而努力着。这个人名叫罗杰·班尼斯特，一位极具天赋，并且非常努力的田径运动员。

虽然人们都很认可罗杰·班尼斯特的才能，但没有人相信他能完成这个目标。大家不过当他是年少轻狂罢了，毕竟这可是"梦幻一英里"啊！它注定是梦，怎么可能变为现实呢？

但令人惊讶的是，就在1954年5月6日的这一天，罗杰·班尼斯特突破了四分钟内跑完一英里的大关，让这个几乎不可能的任务成为现实。更令人难以置信的是，在完成这个梦幻目标的过程中，罗杰·班尼斯特一直顶着每小时十五英里的逆风——是的，逆风！完全不符合理想状态的环境。

在接受采访的时候，有记者问班尼斯特，为什么会选择跑步。当时，班尼斯特是这样回答的，他说："我喜欢跑步，我享受奔跑的感觉，这几乎是情不自禁的。社会和工作给了我们很多限制，而跑步则能让我的情感得到充分释放，这是一种对自由的向往。我坚信，人类的精神是永不服输的。"

在"梦幻一英里"成为现实之后，一位心理学家这样说道："事实上，成功不仅仅源自不懈的努力，心理作用也是非常关键的。当所有人都认为这是一个不可能达成的目标时，这种强烈的信念其实就已经给大家上了一道'锁'。而班尼斯特却打开了这道'锁'，他超越了这个众所周知的设限，做到了所有人都认为不可能做到的事。"

是的，你要先坚信自己能做到，然后这个"不可能"才有可能变为现实。你也要先坚信自己是对的，才有底气去说服别人，让别人也相信。

这就好比推销产品，如果连你自己对自己所推销的产品都没有信心，又怎么可能让别人相信你的产品，并且愿意掏钱购买你的产品呢？在交际活动中，我们所要向别人推销的产品就是我们自己，包括我们的能力、思想、观点等。我们必须先相信自己，坚信自己所要表达的一切都有其价值，只有这样，我们才能有底气去说服别人，并赢得别人的信任。

很多时候，我们真正缺少的，不是成功的能力，也不是严密的逻辑，而是对自己的信心，以及对自己所选择道路的坚信。

期望定律：鼓励往往比批评更有力量

"当你对一个人有着高期望，并总是给予对方鼓励时，那么对方就可能会朝着你所期望的方向发展，并最终成为你希望他成为的那种人。"我们将这种现象称为"期望定律"。这一定律被广泛应用在管理过程中，比如领导管理下属，老师管理学生，父母管理孩子，等等。

老严，人称"铁血活阎王"，远航公司市场部总监，以卓越的办事能力和毫不留情的"毒舌"闻名于公司。对老严这人，下属们可说是又敬又恨又怕：敬的是他卓越的工作能力，恨的是他完全不留情面的行事作风，怕的当然就是他那一言不合就开骂的暴脾气了。大家都说，在老严手底下做事，你得胆大心大脸皮厚，这样才能勉强扛得住他的"棍棒教育"。

公司老板对老严也很无奈。一方面，老板欣赏老严的办事能力，但另一方面，老板对老严的"铁血政策"也颇有微词，毕竟这些年来，被老严硬生生给打击走的人，已经相当多了。老严自己也很郁闷，他其实并不是个炮仗脾气，很多时候严厉地批评下属，也是希望他们能在

"棍棒"的督促之下不断进步，养成精益求精的工作习惯。毕竟在老严看来，"老好人"上司手底下最容易出的，往往是那种善于偷奸耍滑的懒人，而他的目标，是要打造一支最有能力、最出色的团队。

最近，老严手底下出了件事，让老严有些焦头烂额。老严团队里有个名叫杜谦的年轻人，是个非常优秀的人才，老严十分看好他。这一次的项目，杜谦在其中担任了非常重要的工作。我们之前说过，老严一向奉行的是"棍棒教育"，越是看好谁，就会对谁越严厉，因此，从项目一开始，杜谦在他手下就没少被批评挑剔。

年轻人毕竟脸皮薄，招架不住老严的"棍棒"，加上这段时期，项目进展也不是很顺利，导致杜谦越来越灰心失望，甚至产生了辞职的念头。老严知道这事之后，也感到非常头疼，可又不知道该怎么去补救。

就在这个时候，一次很偶然的机会，老严在一本杂志上看到了一个案例，是关于美国著名心理学家罗森塔尔在1968年设计的一个实验。在实验中，罗森塔尔对一所小学里的学生进行了智力测验，然后拟出一份名单给老师，并告诉老师说，这份名单上的学生属于比较有潜力的那种。但事实上，这份名单是随机挑选出来的，只不过不管是老师还是学生都不知道这件事。

8个月后，罗森塔尔再次对这些学生进行了智力测验。结果神奇的事情发生了，那些被随机挑选出来写在名单上的孩子，成绩明显要比第一次测验时好得多。罗森塔尔认为，之所以会出现这样的结果，很可能是因为老师在得知这些学生具有潜力之后，便有意或无意地给了他们一些特别的照顾和期许，致使他们的成绩得到了显著提高，罗森塔尔把这种现象称为"期望定律"。

这个案例给了老严一些启发，他特意找了个时间，把杜谦叫到了办公室，对他说道："最近项目虽然遇到了一些波折，但我认为，凭你的能力，解决这些小问题不在话下。上次那个合同的事情你就解决得很好。我认为，以你的能力，足够做好这个项目了。"

虽然只是这么简单的几句话，但杜谦原本黯淡的双眼却仿佛突然被点亮了一般，当然，更多的是吃惊，毕竟这么多年，还真是鲜少有人能听到"铁血活阎王"的夸奖。

之后，老严发现，杜谦有了非常明显的改变，不仅工作比从前更加积极，表现似乎也比之前更好了。最难得的是，他居然真的在极短的时间里解决了项目遇到的问题，这让老严感叹不已，看来，这期望定律还真是有奇效啊！

很多时候，当我们希望一个人能取得更多进步的时候，鼓励往往比批评要更有力量。批评在某种程度上或许可以激起对方的好胜心，让对方更加努力地证明自己，但同时，批评也可能直接摧毁对方的自信，让对方陷入消沉甚至是自暴自弃。鼓励则不同，每个人都有被他人认同的渴望，而鼓励无疑能满足人们的这种心理渴望，并让人们从心底滋生出对自己的信心，以及不愿辜负他人信任的决心，从而以更加积极向上的态度去面对生活，提升自我。

就像杜谦，领导老严对他的严厉批评超过了他所能承受的心理负荷，所以不仅没能激起他的好胜心，反而让他陷入了无边的沮丧和自我怀疑。而之后，老严直接向杜谦表达了自己对他的欣赏和期许，从而有效帮助他重新建立了自信，并且在之后的工作中发挥出了比从前更优秀的能力。

可见，比起批评来说，鼓励往往要更有力量。当我们希望某人能够把某件事做得更好、更优秀时，不妨将批评变为鼓励，将打压换成期许，相信一定能够得到意想不到的效果。

情绪定律：别在情绪欠佳时开口说话

　　情绪定律告诉我们：人是情绪化的。一个理智的人，能够保持理性的思考，也能够控制好自己的情绪，不让情绪状态影响到自己的思考。

　　当一个人心情舒畅的时候，要好好说话并不难，真正难的是，当我们陷入坏情绪，被沮丧、愤怒甚至是绝望所笼罩的时候，我们是否还能够控制好自己的情绪，心平气和地与对方沟通，不因陷入坏情绪而说出让自己懊悔的话。

　　李佳是一名销售人员，在一家生产首饰包装盒的公司工作。

　　有一次，在跟进一单生意的时候，李佳与客户基本上已经把所有事情都谈妥了，一切细节也都已经敲定，只要签完合同就没问题了。可没想到的是，就在李佳把一切都准备好之后，这位客户却不知道出于什么原因，在最后关头反悔了。客户告诉李佳，他们在店里又找到了一批没用完的礼品盒，准备先等那批礼品盒用完之后再重新下订单。客户再三保证，最迟一个月的时间，一定会和李佳重新签订合同。

李佳感到非常愤怒，按理说，虽然目前合同还没有正式签订，但之前商谈了那么久，双方明明已经达成共识，客户这样的行为无异于出尔反尔。但考虑到长远的合作，李佳还是努力控制住了自己的情绪，答应客户一个月之后再继续跟进订单。

可没想到的是，一个月后，李佳如约来到客户公司，把合同也带来了，客户却依然推诿，不肯签字，甚至还透露，说最近有另外一家更便宜的包装盒销售公司正在与他们接洽。客户的行为让李佳非常愤怒，就在她快要控制不住自己情绪的时候，她突然想起了之前公司发生的一件事情。

其实，在做销售之前，李佳原本一直是在财务部门的，后来因为得罪了部门经理，李佳才离开财务部，自己申请进入了销售部。

说起她得罪经理的那件事，李佳其实也很无奈。那时候，李佳在财务部已经工作了三年，一直兢兢业业、一丝不苟，领导和同事对她都很满意。那段时间，部门接到通知，说员工的工资会进行重新调整，而且经理也找李佳谈了几次话，话里话外都在暗示对李佳的工作非常满意。可没想到的是，等新的工资单发到手上之后，李佳才发现，自己的工资不仅没有涨，反而还被降了五百块，这无异于一盆冷水浇到了头上。李佳一怒之下，就冲到了经理办公室找他理论。结果没想到，那天经理正在接待一个非常重要的客户，而正在气头上的李佳根本没注意到这一切，反而怒气冲冲地直接质问了经理，让经理很没面子。一直到后来，李佳离开财务部进入销售部之后才知道，经理原本是打算要让她升职做特助的，而特助的工资构成与普通职员有所差异，工资单上显示的只是基础工资，可还没等经理跟李佳解释，她就自己先闹起来了。

想到这件事，李佳深吸了一口气，努力压下内心躁动的情绪，然后微笑着对客户说道："那么，可以冒昧问一下，与你们接洽的是哪一家公司吗？"

客户报出了一个名字，李佳想了想，礼貌地说道："这家公司的产品确实价位上比我们公司要低不少，但您应该也看过样品，知道他们不管是在用料还是在做工上，都是比不上我们公司的吧？"

客户点点头说："确实，但这毕竟只是包装，微小的差异根本不重要。"

李佳说道："当然，顾客购买的是商品，不是包装。但我想，像贵公司这样追求品位的珠宝商，一定会非常注重每一个细节吧？如果不能给商品配上相同档次的礼品盒，又怎么突出贵公司珠宝的优越品质呢？如果因为一个小小的包装，影响到贵公司珠宝在顾客心中的高品质定位，那一定非常不值得，您说对吗？"

听到这里，客户想了想，赞同地点了点头，李佳赶紧趁机拿出合同和客户进行商谈，并顺利拿下了这单生意。看着客户签字的那一刻，李佳无比庆幸，这一次，自己没有再被情绪冲昏头脑，做出不可挽回的事情。

拿破仑曾说过这样一句话："能够控制好自己情绪的人，比能拿下一座城池的将军更伟大。"我们常常说，一个人情商的高低决定了这个人交际能力的强弱，因为情商高的人往往比情商低的人要更会说话，更懂得在什么时候应该如何表达自己。而情商管理的核心内容，其实就是人的自我情绪管理。

　　人生不如意事十之八九，我们不可能事事顺心，总有一些时候会被坏情绪所笼罩。在这种时候，如果不能迅速调整心态，那么至少要记住，不要在情绪欠佳之际轻易开口说话，更不要在情绪波动强烈之际轻易做任何决定。

吸引定律：取悦你想亲近的那个人

　　俗话说："物以类聚，人以群分。"人总是倾向于和自己精神属性相匹配的人在一起，在心理学上，这种特性被称为"吸引定律"。

　　人际交往中，情感会产生共鸣，比如你喜欢和某个人交往，那么对方喜欢与你交往的概率就会比较大。因为当你喜欢和某个人交往的时候，你很可能就会不自觉地做出一些取悦对方的举动，而如果你的取悦是成功的，那么对方和你在一起的感受必然是愉悦的，自然也就会对你产生亲近之意。

　　张铭今年33岁了，在某广告公司做平面设计师，虽然长相不俗、年轻有为，但从来没有谈过恋爱。以前在学校的时候，他一心扑在学业上，后来毕业了又忙着打拼事业，如今一转眼，发现身边的人都有了小家庭，自己却还是孤身一人，难免有些孤单。

　　之前在公司，张铭也对一位女同事有过好感，但每次都因为犹豫不决而错失了机会。前阵子，在公司举办的周年庆上，张铭认识了另一个部门新来的女同事艾菲。艾菲简直就是张铭心中的理想爱人，聪明漂亮，又温柔大方。整个晚上，张铭都在艾菲周围转悠，想和她搭话，但每次一犹豫，就又被其他人抢了先。

很快，张铭的好运气就来了。为了完成一个新的项目，公司从各个部门抽调了一批人，组成一个专门的项目组，张铭和艾菲都被抽调到了项目组里。这意味着，在接下来的几个月，张铭和艾菲将会有更多的接触机会。得知这个消息之后，张铭非常开心，仿佛这是命运的安排一般。他决定，这一次无论如何，都要努力抓住机会，不再错过自己的爱情。

为了让艾菲看到自己的优秀，张铭开始铆足了劲表现自己。有时候为了引起艾菲的注意，张铭甚至会故意去反驳艾菲说的话。结果，这种像小学生一样幼稚的行为，却只能让艾菲越来越不待见他。

眼看项目就要接近尾声，但张铭的追爱之路却没有任何进展，反而还把艾菲越推越远，想到这些，张铭别提有多沮丧了。

张铭的好友刘希也是同一项目组的成员，知道了张铭的心思后，刘希简直大跌眼镜，平时看张铭总喜欢反驳艾菲，他还一直以为艾菲得罪过张铭呢。就这表现，还指望人家姑娘能明白他的心思?!

刘希无奈地劝告张铭："你要是真喜欢她，就得学会讨她欢心，而不是处处反驳人家。你想亲近一个人，最好的方法是去取悦对方，而不是处处反驳对方。"

张铭却不以为然地说道："我又不是应声虫，什么都得顺着她说。我反驳她，是为了指正她在工作中的错误，她自然能体会到我是为她好。"

不久之后，还没等到张铭表白呢，艾菲就有了男朋友。这个半路杀出来的男朋友也是项目组的一员，平时低调得很，各方面条件也都比不上张铭，但只有一点，据说他和艾菲特别谈得来。

再次"失恋"的张铭郁闷不已，连连哀叹艾菲没眼光。刘希说："不是艾菲没眼光，而是她从未正眼看过你。你经常反驳她，她能拿正眼看你吗？你啊，吸取教训吧！"

张铭的失败就在于他情商实在太低，不懂得用成熟的方式来表达好感。要知道，优秀的人固然令人欣赏、令人仰望，但相比优秀的人来说，人们往往更愿意同取悦自己的人亲近。毕竟我们与人交往，要么是为了实现某些特定的目的，要么就是为了获得愉悦的体验。没有任何人会喜欢一直给自己找不痛快的人。张铭却不明白这一点，反而像不成熟的小学生一样，试图通过展现自己比对方强大和优秀来吸引对方的注意，结果却是将心仪的人越推越远，最终失去了最佳机会。

想要和一个人建立良好的人际关系，最有效的方法绝对不是展现自己的优秀，而是让对方产生想和我们交谈的欲望和兴趣。换言之，当我们想要亲近一个人的时候，最好的办法就是取悦对方，而不是压制对方。毕竟，没有人会喜欢被压制、被打败的感觉，哪怕那个打败你的对手确实足够强大和优秀，恐怕也只能有欣赏，而很难产生亲近感。

累积定律：好感是一点点积累出来的

"任何伟大都是由无数的微小累积而成的。"这就是累积定律。

我们在与人交往的时候也是如此，无论是好感还是恶感，都是由各种细节一点点积累出来的。世界上从来不存在毫无缘由的喜欢或讨厌，即便是第一次见面的人，所产生的好感或恶感，也必然是能够找到根源的，只是很多时候，这种根源都隐藏在一些细节里，容易被人们所忽略罢了。

很多人羡慕乔晨的好人缘，觉得他天生就讨人喜欢，尤其是有长辈缘和领导缘。但乔晨自己可不这么认为，这世上哪有这么多的天赋异禀，所谓的"讨人喜欢"和"好人缘"，那也是一点点累积出来的。

在交际方面，乔晨是个极其注重细节的人。他一直觉得，人与人之间好感度的建立，实际上是从一些细节上开始的。你的穿着、打扮、举手投足，甚至是你开口说的每一句话、每一个词语，都是能够帮助你"刷好感"的东西。

乔晨一直都有个很特别的习惯，就是记住别人的名字。每当认识一个陌生人，他都会下意识地记住对方的名字，下一次再见时，总能准确地叫出对方的姓名，而每次他这样做，都会让对方大吃一惊，从而迅速拉近彼此的距离，对方往往也会因为他的细心而对他好感大增。

乔晨还记得，自己刚刚考上大学的那一年，第一堂课是用来做自我介绍的。他和以往一样，习惯性地记住了每一个同学的名字。一个多星期之后，班主任突然召开班会，说要选举班委。

众所周知，大学时候的班委和初、高中的是有很大区别的。初、高中时期，担任班委只要学习成绩好就行了，所以通常都是由老师直接任命的。大学时期则不同，班委需要更多地参与班级管理、协调同学的关系等。换言之，大学更像是一个小社会，要想竞选班委的职务，比起学习成绩来说，人际关系往往要更重要。因此，大学时期竞选班委，通常是由学生自己投票来决定的。

当时，乔晨报名参加了班长的竞选，和他一起参选的，还有几个非常优秀的同学。班主任给了每个人大概五分钟的时间，让他们发表一个短小的演讲来给自己拉票。大家上台之后，要么就开始罗列自己学生生涯中的光辉历史，包括获得过什么奖项，以前在学校担任班委时做过哪些事情，等等；要么就铺陈未来的美好计划，包括竞选成功之后能为同学们带来什么便利，组织什么活动，等等。

乔晨是最后一个上台演讲的，轮到他的时候，不管是过去的光辉还是未来的展望，几乎都已经被说完了。乔晨没有走这些老套路，而是自信地微笑着对台下的同学说了这样一句话："接下来，我会向大家证明，我比任何人都更适合担任班长的职务。"

接着，在众人好奇的注视下，乔晨微笑着走下讲台，走到每一个同学的面前，准确无误地叫出了对方的名字，并且说出了对方在一个多星期前自我介绍时说的兴趣爱好和特长等。毫无悬念，在雷鸣般的掌声中，乔晨最终赢得了大多数同学的支持，当选了班长。

乔晨之所以讨人喜欢，能够拥有好人缘，显然并不是因为有所谓的天赋，而是因为他在与人交际时注重每一个细节，力求用细节打动人心，让对方感受到了他的真诚和用心。所谓的好感就是在这样一个个的细节之中累积起来的。

每个人都有过这样的体验：第一次见到某个人，就毫无缘由地觉得很喜欢或者很讨厌对方，毫无缘由地想要与对方亲近或者疏远。但仔细想一想，这种喜欢和讨厌、亲近和疏远，真的是毫无缘由的吗？当然不是，我们之前就说过，这个世界上不会有无缘无故的喜欢和讨厌。哪怕是第一次见面，哪怕还不曾有过任何交集，我们也会从对方所展现出来的许多细节，包括长相、穿着、打扮、举手投足等，不自觉地在心中留下一个大致的印象，而这个印象的好坏，就决定了我们对对方产生的"毫无缘由"的喜欢或讨厌。

所以，一个人是否拥有好人缘，主要靠的是后天努力，而非先天的"属性"。不管是好感还是恶感都有迹可循，是通过一个个的细节慢慢累积起来的。想要让人喜欢你、亲近你，你就得时刻展现出值得别人喜欢和亲近的特质，或许是善良，或许是诚恳，或许是热情，或许是礼仪。切记，最打动人心的东西，往往都由细节而来。

面子定律：成功的交际，就是时刻给对方留面子

中国人尤其好面子，不管做什么事情，往往都会优先考虑面子的问题。因此，面子定律告诫我们：成功的交际，就是要懂得时刻给对方留面子。

与人交往的时候，不管你有多么优秀，说的话多么有道理，如果不想结仇，那么就一定要记得给别人保留一些脸面。对于很多人来说，面子就是尊严的一种体现，而人都是需要尊严，希望能够得到别人的尊重的。

作为一名木材公司的销售员，最让克洛里头疼的对象恐怕就是那些脾气又臭又硬的木材检验人员了，可偏偏克洛里的工作让他不得不总和这些顽固的家伙打交道。

众所周知，检验这回事，门道多得很，单是检验标准这一条就有很多可以做文章的地方。以前年轻气盛的时候，克洛里也曾凭借自己的三寸不烂之舌和不少木材检验人员辩论过，可即便他把对方驳斥得哑口无言，也没能从中得到任何好处。那些检验人员才不会管你有什么意见呢，一旦下了判断便坚决不肯更改。后来，随着和这些家伙打

交道的经验越来越丰富，克洛里开始转变策略。令人意外的是，当他学会收敛自己的脾气，保全对方的面子之后，他与这些顽固家伙们的沟通居然取得了意想不到的效果。

　　有一次，克洛里刚谈完一笔生意回到公司，就接到了一家工厂的木材检验员的电话，对方的语气非常焦躁，而且说话极不礼貌，怒斥克洛里公司运送过去的木材与描述的不相符，不合格率居然高达55%。很显然，这位检验员可不是什么好脾气的人，说话极不中听，一口咬定要退货，还要求克洛里的公司赔偿。

　　如果这件事是真的，那绝对称得上是个重大事故了。克洛里非常担忧，急忙马不停蹄地往对方的工厂赶。按照以往的经验，这件事最有可能的结果，是木材检验员在检验时出了某些纰漏。而在抵达工厂之后，经过一番调查，克洛里发现，事情也正如他预测的一般。这批木材之所以出现这样惊人的不合格率，完全是因为检验员的检验标准太过严格，关键的是，这批木材是杂木，可对方却用了检验白松的标准来检验这批木材。

　　这个时候，克洛里完全有理由去指责这位检验员，但他很清楚，如果他这样做了，那么当众被伤了面子的检验员心里必然不痛快。这样一来，即便重新更改检验标准，对方也完全可以用更加严苛的要求来找碴儿，最后损失依然得由公司来承担。

　　所以，即便发现了问题所在，克洛里也并没有立即提出异议，而是摆出一副谦虚好学的姿态，向检验员请教木材不合格的理由，并一直表示，自己这样做并不是怀疑检验员的检测结果，只是希望以后在送货时能够避免类似的错误。

克洛里诚恳的态度显然取悦了检验员，双方原本剑拔弩张的气氛也得到了缓和。眼看着检验员脸上的表情越来越缓和，克洛里这时才隐晦地提了几句，说如果按照刚才检验员说的标准，那么这些木材的合格率或许并没有那么低。

为了让检验员有更好的台阶下，克洛里还无奈地表示，按照合同上签订的价格，也只能提供这个等级的木材了。当然，如果对方实在不满意，公司方面是可以进行调换的。

到了这个时候，检验员其实也已经发现了自己检验工作的纰漏，但从头到尾，克洛里都没有提及这一点，这反而让检验员感到了愧疚。最终，检验员主动承认了自己工作上的失误，并按照合同要求顺利结算了这单生意。

试想一下，如果克洛里在发现检验员的错误之后立即揭穿他，甚至咄咄逼人地和对方展开辩论，那么会发生什么呢？或许一开始为了维护自己的面子，检验员会想尽办法去辩驳，力图证实自己是对的，当然，他无法赢得这场辩论，因为在不容辩驳的事实面前，他确实错了。最后，尊严受到伤害的检验员心里对克洛里一定是有意见的。可能他会被迫向克洛里道歉，然后重新对木材进行检测。但他会拿出最严苛的标准，尽可能把这批木材的合格率降到最低……瞧，这就是克洛里赢得辩论之后的结果，虽然他会在口头之争上占尽上风，甚至让检验员下不来台，但同样的，克洛里也会付出相应的代价——让公司承受不必要的损失。

　　在和别人交际的时候，永远不要忘记自己的最终目的究竟是什么。我们之所以花费这么多的时间与精力去和别人谈话，是希望能够与对方建立长久的交往，或者说服对方接受我们的意见和想法。口头之争或许能让我们感到一时的风光无限，但对长远的发展来说却是百害而无一利的。所以，请记住，无论何时，都不要因意气用事而将谈话变为争吵。成功的交际，就是要记得时刻都给对方留面子。

刺猬定律："取暖"也要保持合适的距离

两只刺猬因为寒冷而凑在一起取暖，但因为各自身上都长着刺，所以如果靠得太近，就容易刺伤对方，而如果离得太远，又无法达到取暖的效果。几经折腾之后，两只刺猬终于找到了一个合适的距离，既能相互温暖，又不至于被对方身上的刺所扎伤。这个"合适的距离"，其实就是人与人交往时的一种理想距离。在心理学上，这种现象被称为"心理距离效应"，也叫作"刺猬定律"。

每个人其实都像刺猬一样，需要温暖和陪伴，但同时，也需要一个不容他人侵犯的私密空间。与人交往，并非越亲密越好，即便两个人情谊深厚，也要注意保持距离，把握分寸，否则可能会给对方造成伤害，让珍贵的情谊蒙上阴影。

姜娜和刘艺是一对好闺蜜，关系非常亲近。两人从小就是邻居，小学、初中、高中又都在同一个班级，还是好几年的同桌。大学虽然上的不是同一所学校，但却在同一个城市，而且距离也不远，每个周末都会约着一起逛街、吃饭。不管是姜娜还是刘艺都把对方当作自己最好的朋友，并且一直坚定地认为，这段姐妹情会天长地久。

大学毕业之后，姜娜和刘艺合租了一个套间，并且一起面试，进了同一家公司的同一个部门，只不过姜娜进了A组，刘艺则进了B组。两个女孩之间的感情和缘分令所有人都羡慕不已。

A组和B组虽然属于同一个部门，但两组之间其实是存在一定的竞争关系的。当然，不管是姜娜还是刘艺，都不认为工作上的竞争会影响到两人在生活中的友谊。直到有一次，为了争夺一个升职机会，两组的组长需要一套策划案来角逐一个项目。结果没想到的是，最后两个组的策划案居然"撞车"了，不管是策划方向还是宣传策略都惊人地相似，这样一来，排在后面发言的B组自然吃了大亏，输掉了这场角逐。

事后，大家虽然表面上没说什么，但却都旁敲侧击地去询问刘艺，是不是她不小心把策划案的内容泄露给了姜娜，就连组长都私下找刘艺谈了话。

虽然刘艺很信任姜娜，但这事毕竟太巧了，刘艺内心难免也有些动摇。而且平时在家里，由于两人关系好，所以虽然是一人一间卧室，但却都没有锁门的习惯。有好几次，刘艺从外头回来，都碰见过姜娜从她卧室里出来，说是去借用指甲油或者吹风机什么的。平时这种事情非常常见，刘艺也没有什么想法，但现在大家这么一说，她不免也有些怀疑了。

这件事发生后，刘艺心里始终有个疙瘩，后来干脆渐渐地养成了锁门的习惯。姜娜虽然没说什么，但没多久，刘艺发现，她的卧室门也上了锁。虽然从表面上看一切似乎都没有变化，但那两扇锁上的门，就仿佛是两颗锁上的心一般，已经开始渐行渐远。

距离是一种美，同时也是一种保护，既保护他人，也保护自己。在这个世界上，最复杂的东西就是人心，哪怕是与你朝夕相处的恋人或血浓于水的亲人，也不可能完全看透彼此。留出距离，实际上就是在给彼此的感情腾出一个缓冲的空间，同时也让自己拥有一个安全的、能够完全放心的区域，这对彼此感情的维系与发展都是有好处的。

两个人相处，太过亲密就容易忘了分寸，口无遮拦，而语言偏偏又是最容易伤人的"武器"。很多人其实都有过这样的经验和体会：与某个人越是靠近，就越容易发生摩擦和矛盾，有时交往的时间越久，倒发觉不如最初交往时那么简单和舒适了。这就是很多情侣谈恋爱的时候觉得很和谐，但在结婚之后反而矛盾越来越多的缘故。

可见，最好的感情应该做到"亲密有间"，要保留一定的空间和余地，才能让彼此更好地携手走下去。懂得保持距离，在相处的时候才会注意分寸，在说话的时候，也才不会口无遮拦。

需要注意的是，所谓"理想的距离"并不是一个特定的标准，而是应该根据两个人之间的关系和感情进行调整，关系亲近、感情深厚，理想的距离自然就比较近一些。但无论如何都要记住，有一个底线是不能逾越的，那就是——尊重别人的隐私。不管是多么亲密的人际关系，哪怕是父母与子女、妻子与丈夫、兄弟姐妹之间，都不能踏过这条界线。

互惠定律：付出善意，才能收获好意

"给予就会被给予，剥夺就会被剥夺；信任就会换来信任，怀疑就会换来怀疑；爱就会收获爱，恨就会收获恨。"在心理学上，这叫作"互惠关系"。

每个人其实都有知恩图报的特点，今天你给我一包泡面，明天我便会下意识地给你带包饼干。今天你骂了我一句，明天我便会下意识地找机会给你添点堵。人与人的交往就是这样，每个人的潜意识里都有一个"公平机制"。这种"公平机制"不仅仅作用于物质方面，同时也作用在精神方面。所以，如果你希望能从别人那里收获好意，那么你就必须懂得先付出善意。

杰克和凯西的相识并不愉快。那天杰克刚丢了一个大订单，而凯西刚和男朋友分手，两个无精打采的人不幸撞到了一起，凯西手里的咖啡洒了杰克一身。两个人的相识就这样拉开了帷幕，凯西沮丧地道着歉，而杰克咄咄逼人地发泄，使这场偶遇最终演变成了一场争吵。两个倒霉的人把各自人生的不如意都发泄到了对方身上。

如果这只是一场萍水相逢，那么随着时间的流逝，大概也不会在彼此的人生中留下什么印记。但偏偏，世界上的事情就是这么巧。一个月后，杰克与凯西再次相遇了，这一次的相遇是在公司会议室，凯西成了"空降兵"，直接抢走了杰克属意已久的职位，简直就是旧恨未消，又添新仇。就这样，杰克和凯西彻底成了死对头。

而两人关系的转折主要因为一次乌龙事件。

那天上午，杰克结束了自己的假期，带着一堆旅行时买的东西回公司上班，顺便给同事们分发礼物，当然，这里的同事们绝对不包括他的死对头凯西小姐。可偏偏事情就是这么凑巧，在杰克兴高采烈地分发礼物的时候，凯西正好推门走进办公室，也不知是被谁撞了一下，杰克一个踉跄就把手里拿着的一个盒子递到了凯西面前，盒子上头还别着一张卡片，上头写着：世界上最可爱的女士，生日快乐！

这份礼物原本是杰克为妹妹挑选的生日礼物，但大概是早上出门的时候太匆忙，没留意就把它和其他东西一起带来了。

凯西看着包装精美的礼物盒子上的卡片愣了一下，就在杰克打算淡定地把手收回来，再顺便开口嘲讽"死对头小姐"几句的时候，凯西居然把礼物接了过去，红着脸小声地说了句："谢谢……你怎么知道我今天生日？"

杰克有些意外，刚想开口否认，但看到凯西脸上略带羞赧和感激的神色时，又把否认的话给吞了回去，生硬地说了句："嗯……员工资料上有。"而事实上，他哪有空去看这位"死对头小姐"的资料啊。

有了这个尴尬的小插曲之后，杰克发现，一些事情似乎和从前不太一样了。原本一直对他不假辞色的凯西居然会主动和他说"早上好"和"再见",虽然态度依旧不见得有多好。更令人意外的是,他在公司例会上提出的新方案居然得到了凯西的大力支持。当然,他也对自己的提案很有信心,只是很意外这个一直喜欢找碴儿的家伙居然会旗帜鲜明地对他表示支持。

如今,凯西已经成了杰克的太太,每当回忆起当初的那些日子,夫妻俩都觉得十分不可思议。而杰克呢,他一直都无比庆幸那一年一不小心向凯西递出了橄榄枝,要是没有那次的错误和巧合,或许他就要错过一生的挚爱了呢!

不愉快的开始让杰克与凯西对彼此留下了最差的印象,以至于在之后的相处中,两人总是互相看不顺眼,事事针锋相对。但他们真的就这样讨厌对方吗?显然并非如此,他们对彼此的不满不过是源自从对方身上感受到的敌意罢了。所以,当杰克因为一次意外的乌龙而对凯西递出橄榄枝后,凯西才会相应地给予杰克积极的回应,两人的关系也彻底得到了扭转。

可见,在人际交往中,当你希望与某个人建立友好关系的时候,最有效的方式,就是先递出你的橄榄枝,让对方感受到你的善意。俗话说"伸手不打笑脸人",当你能够以友好的方式去和别人相处时,对方即便没有多喜欢你,也会不好意思再去针对你。

像中国人所说的"礼尚往来",实际上也是互惠定律的一种表现。人与人之间的互动就好像坐跷跷板一样,总是需要高低交替才能进行下去的。如果你总是咄咄逼人，不肯让步，那么对方也不可能永无止境地退让回避。但相反的，如果你懂得适时让步，向对方展示出你的善意，那么对方必定也会给予你相应的好意。

登门槛效应：话要循序渐进地说

登门槛效应又被称为"得寸进尺效应"。它告诉人们，一个人一旦接受了别人提出的某个微不足道的请求，那么之后为了避免认知上的不协调，或者让人觉得他前后不一致，就有可能会继续接受对方提出的更大的要求。

一般来说，当别人提出的要求比较高，难以完成的时候，很多人都会因为不愿意冒险以及浪费时间和精力而选择拒绝；但如果别人提出的要求非常简单，那么大部分人碍于面子，往往是不会拒绝的。然而，一旦选择接受了一个小小的请求之后，人们就会很容易接受下一个更大的请求，这就好像登门槛一样，一步登顶几乎是不可能完成的事情，但如果在对方的引导下，一级台阶一级台阶地往上走，就会在不知不觉中顺利登上高处，完成那个原本几乎不可能完成的要求。

索恩是一家百货公司的老板，有一次，他的一位朋友突然造访，并热情地给他推荐了一位名叫乔恩斯的年轻人。朋友声称那个乔恩斯绝对是一位销售天才，但等索恩见到被朋友带过来的乔恩斯时，却不免有些失望。这实在是一个貌不惊人、平凡无奇的小伙子，索恩并不相信他真的像朋友说的那样能干。但毕竟是朋友介绍过来的人，索恩还是决定给他一个机会，让他第二天到公司上班，做销售工作。

第二天下午，索恩结束了一天的会议之后，决定到百货公司去视察一下，看看朋友口中的这位销售天才是不是真的可以为他带来惊喜。

索恩到公司的时候，正好到下班时间，乔恩斯刚收拾好东西打算离开。索恩走到他面前，问道："今天第一天上班，感觉如何？"

乔恩斯腼腆地笑了笑，回答道："还不错。"

索恩又问道："那么，今天你成交了几单生意呢？"

乔恩斯回答："一单。"

索恩心里不由得更加失望了，撇撇嘴说道："只有一单啊……要知道，平时我们这里的销售员平均每天都能完成二十到三十单生意呢。那你这单生意的成交额是多少呢？"

乔恩斯笑了笑，答道："三十万美元。"

索恩大惊失色："什么？三十万美元？你都卖了些什么？怎么做到的？"

"啊，情况是这样的，"乔恩斯解释道，"当时有一位穿着十分考究的男士进来买东西，我先推荐他买下了一个小号的鱼钩，然后又帮他配了中号的鱼钩，以及大号的鱼钩。既然买了鱼钩，那当然少不了鱼线，于是我又推荐他买下了小号、中号以及大号的鱼线。接着我便询问他，平时都喜欢去什么地方钓鱼，他说喜欢到海边，我便建议他买一条船，可以乘船出海去钓鱼，特别有意思。于是我带他去了卖船的专柜订下了一艘船。那艘船真的很棒，是一艘纵帆船，有两个发动机。买下船后，那位客人告诉我说，担心他的汽车没办法拖动这么大的船，于是我又带着他去了汽车销售区，给他推荐了丰田最新款的豪华型'巡洋舰'，这辆车绝对可以毫无压力地拖动那艘船。"

听到这里，索恩已经惊讶得合不上嘴了，终于明白朋友为什么会给这个年轻人这么高的赞誉了。他难以置信地喃喃自语道："你真的让人很不可思议，居然能让一位顾客买下这么多东西，而他最初仅仅是想买一个鱼钩而已……"

"并不是这样的。"听到索恩的话，乔恩斯腼腆地笑着说道，"事实上他并不是来买鱼钩的，他来百货公司是为了帮妻子买某个牌子的卫生棉。我告诉他：'啊，这个周末算是毁了，为什么不考虑去钓鱼呢？一定会很有意思的。'"

如果一开始，乔恩斯就向客人推销价值十几万美元甚至是几十万美元的帆船或汽车，那么客人大概不会给乔恩斯任何机会，毕竟他只是打算给妻子买包卫生棉而已，怎么也不可能就这样草率地买回一艘船、一辆车。但乔恩斯却聪明地以一个小小的鱼钩作为切入点，让客人觉得，不过是买一个小鱼钩而已，没有什么大不了的，何况周末去钓鱼这个提议，似乎也有那么点意思。而一旦这个缺口打开，之后的一切事情也就顺利多了。

可见，当你希望对方能够答应你的某个请求，而这个请求又不是那么容易就能完成的时候，不妨试着把自己要求的"门槛"降低一些，再循序渐进地消除对方的排斥心理，并最终完成那个几乎不可能答应的要求。